⊗ | FISCHER

W0063506

Mario Barth

Happy Wife, Happy Life

DIE RICHTIGEN TIPPS FÜR EINE GLÜCKLICHE BEZIEHUNG

FISCHER

Bildnachweis

Fotos Mario Barth: Mayk Azzato

Fotos Seite 159: (v. l. n. r.): Unique Vision ©shutterstock, Mayk Azzato, industryviews © shutterstock

Icons: Seite 19, 25, 49, 133, 139, 194, 207, 224,225, 228,229, 232: davooda © shutterstock | Seite 52: bsd © shutterstock | Seite 97: davooda © shutterstock, Happy Art © shutterstock | Seite 113: davooda © shutterstock, Alexander Ryabintsev © shutterstock, Happy Art © shutterstock | Seite 125: davooda © shutterstock, Happy Art © shutterstock | Seite 127: davooda © shutterstock, Happy Art © shutterstock | Seite 134, 135: davooda © shutterstock, Ban-k © shutterstock | Seite 237, 238, 239, 242, 243, 251: Happy Art © shutterstock | Seite 163: Alexander Ryabintsev © shutterstock | Seite 181: Happy Art © shutterstock, davooda © shutterstock, Kapreski © shutterstock | Seite 230, 231: js-Studio © shutterstock

Originalausgabe

Erschienen bei FISCHER Taschenbuch
Frankfurt am Main, März 2020

© 2020 S. Fischer Verlag GmbH,
Hedderichstr. 114, D-60596 Frankfurt am Main

Layout und Satz: Christiane Hahn und Christina Hucke,
Frankfurt am Main
Druck und Bindung: GGP Media GmbH, Pößneck
Printed in Germany
ISBN 978-3-596-70537-5

Hipporhino, Mausefant und Honeybear © Mario Barth

Warmer Sommertag, heiße Kohlen, Fensterruf, Serotonin, Milchreis, Dallas, Dopamin. Los geht die wilde Fahrt.

Dieses Buch widme ich meiner größten Liebe.

Inhalt

LIEBE LESERINNEN UND LESER,

alle sprechen immer davon, wie kompliziert das Zusammenleben von Männern und Frauen ist. Doch seien wir mal ehrlich, ich meine jetzt mal ganz ehrlich zu uns selbst! Ist es wirklich so kompliziert, wie wir alle denken? Und wenn ja, warum spielen wir das Spiel dann schon seit Hunderter von Jahren?

Wenn wir kurz überlegen und uns an all die Beziehungen erinnern, die wir hatten, kommen wir relativ schnell zu dem Ergebnis, dass es gar nicht so schwierig ist, wie man immer denkt!

Gut, wird jetzt der eine oder die andere sagen, der Barth hat leicht reden. Kohle satt, immer auf der Überholspur, und die Königin bekommt von ihm jeden Tag frische Blumen und wöchentlich eine Handtasche aus Krokoleder, die allerdings nie nass werden darf, da sie sonst kaputtgeht. Ach ja, und der feine Herr Barth macht das noch nicht mal selber, der hat dafür ja Personal!

So ist es aber nicht! Also klar habe ich Mitarbeiter, die ab und zu mal Blumen für mich besorgen oder mich an den Jahrestag erinnern, aber das müssen wir ja jetzt hier nicht weiter vertiefen. Nein, ich meine es ernst. Es ist wirklich nicht kompliziert, wenn man die richtige Lebensformel anwendet. Doch wie lautet die richtige Formel? Ich denke, ich habe die Antwort. Darum habe ich dieses Buch für euch geschrieben. Ich wünsche euch viel Spaß beim Lesen.

Die Zauberformel für eine glückliche Beziehung

Oft sind im Leben die einfachen und banalen Dinge genau die richtigen. Ich selbst kenne das auch von mir. Wenn etwas zu leicht aussieht oder zu einfach klingt, dann suche ich nach dem Haken. Ich sage mir dann selbst, das kann es nicht sein, das wäre zu simpel. Doch manchmal ist das Gute einfach so nah. Um eine glückliche Beziehung zu führen, bedarf es nur einer einzigen Lebenseinstellung, und die heißt:

Goldene Regel

Happy wife, happy life.

Klingt banal, ist es aber nicht. Wenn wir ehrlich zu uns selbst sind, dann gibt es nur zwei Wege für eine glückliche Beziehung: den schwierigen Weg oder den falschen Weg.

Der falsche Weg ist meist nach einer kurzen, manchmal auch sehr intensiven Zeit um, und zack bist du wieder bei Tinder und schreibst in dein Profil, du suchst die wahre Liebe und möchtest endlich ankommen. Doch wo genau kommt man an?
Der komplizierte Weg ist, wie das Wort schon sagt, nicht der einfachste, aber der einzige Weg, der letztendlich Sinn macht. Wir sollten immer daran denken, dass nichts im Leben einfach ist. Gut, wenn es nach den Frauen geht, ist es eigentlich total einfach, Frau zu verstehen. Wir Männer sind das komplizierte Geschlecht.

Wenn man eine Frau fragt, warum es denn so kompliziert mit uns Männern ist, kommt nur eine Antwort: Ihr Männer versteht uns einfach nicht!!!

Die Frage, ob das vielleicht an der Frau liegen könnte, wird erst gar nicht gestellt, weil es bei so einem hübschen Geschöpf **NIEMALS** der Fall sein wird, dass es an ihr liegen könnte. Sie macht ja **ALLES** für dich, aber du raffst mal wieder **NICHTS**.

ACHTUNG: Bei dieser Art der Kommunikation neigen Frauen gerne mal dazu, Übertreibungen zu benutzen. Wörter wie: nie, immer, jeder, alles, nichts.

»**NIE** hörst du mir zu.«
»**IMMER** muss ich mir die selben Ausreden anhören.«
»**JEDER** spricht schon darüber.«
»**ALLES** bleibt an mir hängen.«
»**NICHTS** machst du.«

WIE WIR (männer) LERNEN, IMMER DAS RICHTIGE ZU TUN

Die Frauen werden mir recht geben, wenn ich sage, dass eine Beziehung total einfach wäre, wenn der Mann doch endlich mal das machen würde, was das Richtige ist.

Ich sehe jetzt schon die fragenden Gesichter der Männer:

- Was ist denn richtig?
- In welcher Situation ist das Richtige auch wirklich richtig?
- Warum ist manchmal das Richtige plötzlich falsch, obwohl es doch das letzte Mal richtig war?

Fragen über Fragen, doch egal, wie die Antwort lautet, eins ist mal ganz klar:

Es ist nicht wichtig, einen einzelnen Streit zu gewinnen, am Ende hast du mit Sicherheit doch verloren.

Kommen wir also zu den drei wichtigen Fragen.

WAS IST RICHTIG?

Das hängt von ganz vielen Faktoren ab. Zeit, Ort, emotionale Verfassung, physische Verfassung. Hat sie Hunger und ist unterzuckert? Wenn eine Frau fragt, ob du sie liebst, erwartet eine Frau eine emotionale romantische und keine rationelle Antwort.

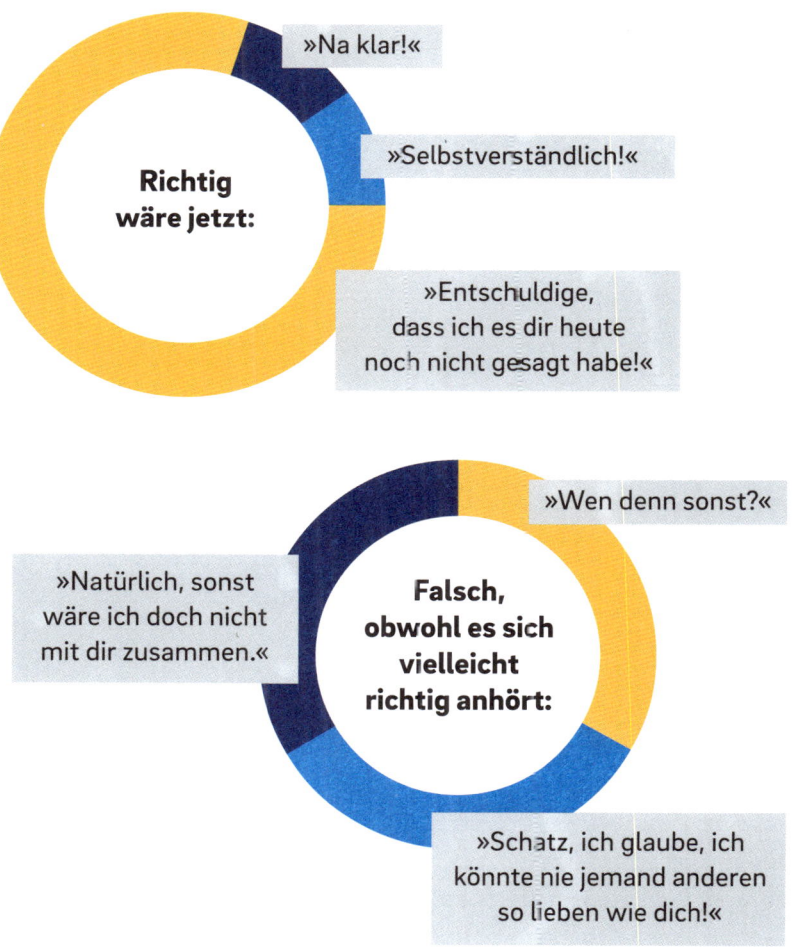

Richtig wäre jetzt:

»Na klar!«

»Selbstverständlich!«

»Entschuldige, dass ich es dir heute noch nicht gesagt habe!«

Falsch, obwohl es sich vielleicht richtig anhört:

»Wen denn sonst?«

»Natürlich, sonst wäre ich doch nicht mit dir zusammen.«

»Schatz, ich glaube, ich könnte nie jemand anderen so lieben wie dich!«

Der letzte Satz – »Schatz, ich glaube, ich könnte nie jemand anderen so lieben wie dich!« – kann sehr gefährlich sein. Frauen hören nicht nur gut zu, sie analysieren auch gerne mal blitzschnell einen Satz. Was für Männer ein völlig normaler Satz ist, der sogar positiv behaftet ist, kann für Frauen wie eine Warnung klingen.

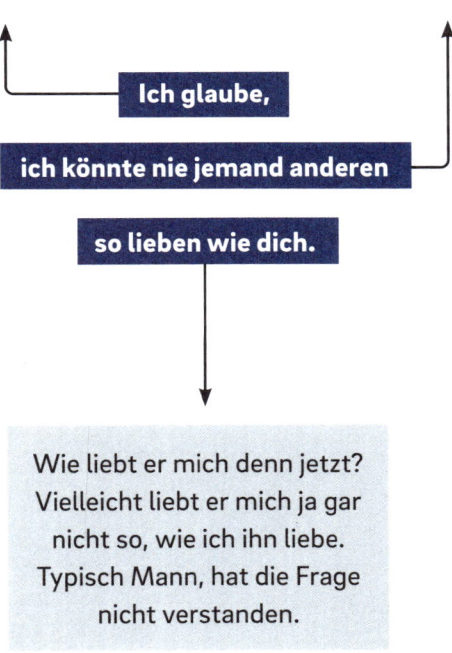

Aha, er glaubt nur. Er ist sich aber nicht sicher. Die Möglichkeit besteht aber, dass er mal eine andere Frau mehr lieben könnte als mich.

Warum sagt er das so komisch. Warum eine andere? Hat er eventuell schon eine in Aussicht, oder läuft da bereits woanders was?

Ich glaube,

ich könnte nie jemand anderen

so lieben wie dich.

Wie liebt er mich denn jetzt? Vielleicht liebt er mich ja gar nicht so, wie ich ihn liebe. Typisch Mann, hat die Frage nicht verstanden.

Das Richtige muss nicht unbedingt immer die Wahrheit sein.

Kommen wir zu Frage 2.

IN WELCHER SITUATION IST DAS RICHTIGE RICHTIG?

Jeder Mann kennt das. Das, was das letzte Mal richtig war, ist plötzlich absolut falsch. Das liegt daran, dass sich einige Parameter verändert haben. Parameter, die für uns Männer aber überhaupt nicht sichtbar sind. Weibliche, emotionale Parameter. Ein kleines Beispiel, das ich vor kurzem selbst erlebt habe:

Wir hatten einen Abholschein für ein Paket, das an ihren Namen adressiert war, in unserem Briefkasten. Bis hierhin ist das noch kein Problem, denn ich hole gern ihre Pakete ab und bringe die Retouren auch immer wieder zurück. Gut, es werden immer mehr, so dass ich demnächst bestimmt einen eigenen Schalter bei der Post bekomme. Aber was macht man nicht alles aus Liebe? Jahrelang ging es auch gut, bis ein ganz bestimmtes Paket unterwegs war.

Ich holte wie immer das Paket, das an ihren Namen adressiert war, ab und brachte es nach Hause. Was ich nicht wusste, war, dass das Paket eine Überraschung für mich beinhaltete. Auf dem Paket stand fett drauf, was drin war. Sie kam nach Hause, sah das Paket im Flur stehen, und schon ging es los.

SIE: »Sag mal, hast du das Paket abgeholt?«

Jetzt sollte man eventuell noch erwähnen, dass wir nur zu zweit wohnen. Sie hat es offensichtlich nicht abgeholt, wer sollte es also sonst abgeholt haben? Diese Frage diente also weniger der Antwortfindung als eher dem Vorwurf, warum ich denn das Paket abgeholt habe, obwohl es doch klar und deutlich an sie adressiert war.

ICH: »Ja, ich hole doch immer alle Pakete ab.«
SIE: »Aber das solltest du nicht abholen. Jetzt hast Du **ALLES** kaputt gemacht, wie **IMMER**.«

Die Stimmung war im Arsch, und natürlich war ich an allem schuld. Nun denkst du als Mann, okay, dann hole ich eben keine Pakete mehr ab. Nur wenn sie mich ausschließlich darum bittet. Man(n) hat ja wenig Bock auf einen weiteren Anschiss. Jetzt kommen wir direkt zur Frage Nummer 3.

WARUM IST MANCHMAL DAS RICHTIGE PLÖTZLICH FALSCH, OBWOHL ES DAS LETZTE MAL RICHTIG WAR?

Keine fünf Tage später hatten wir einen Abholschein für ein Paket im Briefkasten, der klar an sie adressiert war. Ich holte den Schein raus und sagte:

ICH: »Ein Paket für dich! Wurde aber nicht zugestellt, muss abgeholt werden.«

SIE: »Super, danke.«

Für mich war das eindeutig, und ich legte den Paketschein in den Flur auf die Kommode. Ich hatte sie informiert, und sie hatte mir ein Feedback gegeben. Sie hat sich sogar für die Info bedankt. Habe ich gedacht. Gemeint hatte sie aber etwas anderes.

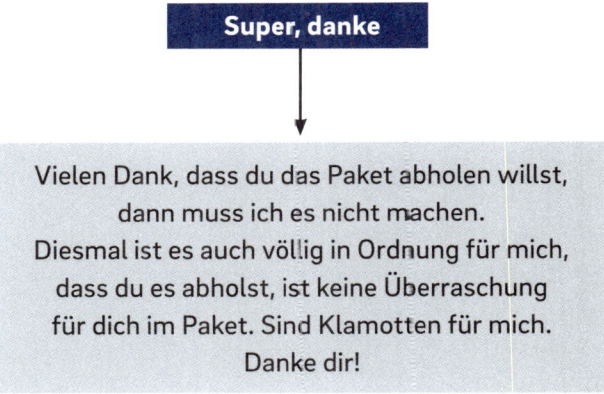

Man spricht hier von einem sogenannten **KOMMUNIKATIONS-PROBLEM**, auch **NEBEL** genannt. Sie denkt, sie hätte alles gesagt, weil es für sie logisch ist, du hast aber nichts gehört, weil sie ja nicht wirklich was gesagt hat.

Das Ende vom Lied: Der Paketschein blieb im Flur liegen, und das Paket wurde nie abgeholt. Doch wie wir alle wissen, vergessen Frauen nichts. Zwei Wochen später fragte mich meine Freundin, wo denn das Paket sei. Ich aber – als Mann – hatte es nicht nur bereits komplett vergessen, sondern komplett aus meinem Hirn gestrichen.

17

ICH: »Was für ein Paket?«

SIE: »Na, das du für mich abholen wolltest.«

ICH: »Ich wollte kein Paket für dich abholen.«

SIE: »Na klar, hast du doch gesagt.«

Gut, könnte man jetzt sagen, dann hol es halt jetzt ab, nachdem du unmissverständlich mitbekommen hast, dass du das Paket hättest abholen sollen. Aber ihr könnt euch vorstellen, was passiert ist. Ich nahm den Paketschein, ging zu einer Reinigung am Arsch der Welt, denn da war das Paket abgegeben worden, und siehe da, das Paket war bereits auf dem Heimweg zurück zum Absender. Jetzt fingen meine Probleme an. Ich musste ja zurück nach Hause, wo sie schon sehnsüchtig wartete.

SIE: »Und, wo ist das Paket?«

ICH: »Leider schon wieder auf dem Weg zum Absender.«

SIE: »Ist nicht dein Ernst?«

ICH: »Doch.«

SIE: »Na toll, und jetzt? Da sind meine Klamotten drin, die ich für mich bestellt habe.«

ICH: »Dann bestell sie halt noch mal.«

Das war einfacher gesagt als getan. Sie ging auf die Webseite und versuchte, das Kleidungsstück, das augenscheinlich in dem Paket war, erneut zu bestellen. Doch leider war es nicht mehr zu haben. Jetzt fingen meine Problem erst richtig an. Sie hatte es doch bestellt, und hätte ich es nicht zurückgehen lassen, hätte sie es jetzt bereits anziehen können. Aber nein, der feine Herr hielt es für besser, es einfach nicht abzuholen.

Ein Stück weit verstand ich ihren Ärger. Doch wie soll ich bitte zukünftig reagieren? Mal soll ich das Paket **NICHT** abholen, und dann wieder **DOCH**, und als ich auch noch sagte: »Deine alten Sachen sind doch auch noch total hübsch«, ging die Post so richtig ab.

SIE: »Ach, du findest meine Klamotten alt?«
ICH: »Nein, aber die gehen doch noch.«
SIE: »Was ist das denn für eine bescheuerte Aussage?«
ICH: »Na, ich meine, bei dir sehen sie noch super aus.«
SIE: »Was soll das denn heißen? Bei mir sind die super. Ach das ist ja schön, ganz nach dem Motto: Bei der ist es eh egal, was die anhat, sieht eh kacke aus.«
ICH: »Habe ich doch gar nicht gesagt.«
SIE: »Ja genau!!! Hauptsache, du hast recht.«

Jetzt, liebe Männer, ist der Zeitpunkt gekommen, ganz schnell die Klappe zu halten. Denn nun passiert Folgendes: Das logische Gehirn wird abgeschaltet, und das Urgehirn übernimmt die Situation.

Das **URGEHIRN** ist das Gehirn, das evolutionär einfach schon viel viel länger existiert. Würde man die komplette Evolution so betrachten, als wenn sie bis heute 24 Stunden existiere, dann wäre das logische Gehirn gerade mal fünf Minuten alt, während das Urgehirn gute 23 Stunden und 55 Minuten alt ist. Es ist daher in Stresssituationen dominanter und schaltet den logischen Teil ab. Das Problem beim Urgehirn: Es gibt nur zwei Verhaltensmuster. Es ist entweder auf **FLUCHT** oder auf **ANGRIFF** programmiert.

FLUCHT: »Okay, du hast recht«, »Ja ja Schatz« oder »Toll, was du alles weißt.«
ANGRIFF: »Zieh dich warm an, jetzt lernst du mich richtig kennen.«

Kleiner Tipp! Die erste Variante ist die ratsame.

Wer aber jetzt glaubt, das Problem wäre gelöst, der hat nicht mit der Ausdauer einer Frau gerechnet.

WAHRE JESCHICHTE

Nachts um halb zwei, ich schlief bereits, merkte ich instinktiv, dass sich meine Freundin im Bett aufsetzte und einmal tief einatmete. Ich wusste direkt, was mir blühte, denn anders als viele Männer wollen Frauen Probleme sofort besprechen. Ob das um diese Uhrzeit Sinn macht oder nicht, ist völlig egal. Frauen müssen es aus dem Kopf haben, sonst können sie nicht schlafen. So ist es zumindest bei meiner Freundin.

SIE: »Fandest du das echt in Ordnung, dein Verhalten?«

Ich dachte mir, komm, Barth, stell dich tief und fest schlafend, dann hört sie irgendwann auf. Aber eine Frau wäre keine Frau, wenn sie keine Ausdauer hätte.

SIE: »Du verstehst mich.«

Stell dich schlafend, Mario, ging mir immer und immer wieder durch den Kopf. Einfach nicht reagieren.

SIE: »Du verstehst es einfach nicht.«

Nun war ich irritiert, erst sagt sie, ich verstehe sie, dann wieder nicht. Ich blieb einfach liegen und erhöhte mein Atemgeräusch in der Hoffnung, sie hört auf zu fragen, und wir klären das morgen in aller Ruhe.

SIE: »Sag mal, glaubst du, ich bin doof? Ich will doch nur wissen, ob du das in Ordnung findest, dass du sagst, du holst ein Paket ab und dann tust du es nicht?«[*]

Jetzt besteht eine sehr hohe Wahrscheinlichkeit, die Nachtruhe und somit die erhoffte Erholungs- und Entspannungsphase zu verlieren. Warum, kann ich euch sagen.
Die Frau ist klar im Vorteil.

- Sie weiß, worauf sie hinauswill.
- Sie ist putzmunter im Gegensatz zu dir.
- Sie ist eine Frau.

Ich setzte mich also auch auf und versuchte, verständnisvoll zu sein.

ICH: »Schatz, es tut mir echt leid.«
SIE: »Ja, bestimmt.«
ICH: »Doch, aber beim letzten Mal habe ich es abgeholt, da war es falsch.«

---

[*] (Ich möchte noch einmal daran erinnern, dass ich das nie gesagt hatte.)

Jetzt wird es richtig geil. Was wir Männer nie unterschätzen dürfen, sind die Fähigkeiten, die Frauen entwickeln, wenn es ums Thema **SHOPPEN** geht. 🙂

SIE: »Du raffst es mal wieder nicht. Beim letzten Mal war in dem Paket eine Überraschung für dich. Das solltest du nicht sehen. Sorry, dass ich versucht habe, dich zu überraschen.«

ICH: »Woher sollte ich denn wissen, dass es diesmal keine Überraschung für mich ist?«

SIE: »Warum sollte es?«

ICH: »Was?«

SIE: »Warum sollte es?«

ICH: »Hä, was meinst du?«

SIE: »Es war ein Paket für **MICH**. Du verstehst es nicht. Wie **IMMER**. Gute Nacht!!!«

Viele Männer wissen nicht, was sie jetzt machen sollen. Sag ich als Mann noch etwas? Lass ich es mir einfach gefallen? Oder kann ich jetzt endlich schlafen gehen? Es gibt eine **Grundregel** in einem Streit. Das Thema ist für eine Frau dann erledigt, wenn sie es für erledigt hält. Egal, ob du noch was zu sagen hättest.

Wobei, liebe Männer, nehmt es als Chance. Wenn sie nicht mehr reden will, ist der Schaden meistens kleiner, als wenn du ihr als Mann den Anlass gibst, noch einmal aus dem Vollen zu schöpfen, denn eins dürfen wir als Mann nie vergessen: Frauen merken sich alles und das über mehrere Generationen.

17–18 Uhr

Während der Mann auf dem Klo sitzt

Beliebteste Streituhrzeiten von Frauen sind ...

9–16 Uhr

23–3 Uhr

Goldene Regel

Niemals streiten zwischen 22 und 9 Uhr.

2.

Lügen
ist erlaubt

Immer wieder ist zu beobachten, dass Männer, gerade am Anfang einer Beziehung, nahezu alles für ihre Angebetete machen. Es wird gelogen, dass sich die Balken biegen. Doch darf man in einer Beziehung überhaupt lügen? Tja, als Erstes sollten wir mal definieren, was eine Lüge ist. Denn nur weil der eine Partner etwas als Lüge empfindet, heißt das noch lange nicht, dass es sich dabei wirklich um eine Lüge handelt. Denn das ist davon abhängig, auf welchem der fünf Beziehungslevel man sich befindet.

Ein Beispiel:

Sie fragt ihn: **»Würdest du alles für mich machen, damit ich glücklich bin?«**

Grundsätzlich eine berechtigte und schöne Frage. Doch nun kommt es darauf an, auf welchem Level man in der Beziehung gerade ist.

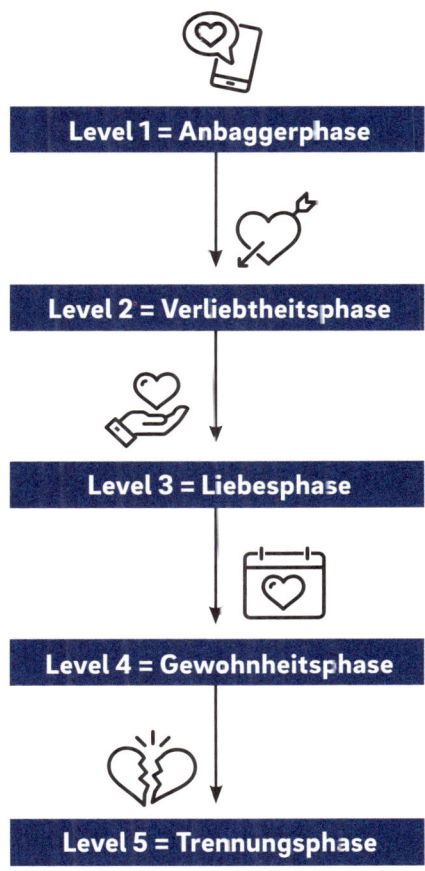

LEVEL 1: anBaGGERPHASE

In dieser Phase behaupten Männer alles. Egal was. Hier werden Männer sehr kreativ, denn jetzt zeigt sich: Wer am besten performt, der gewinnt bei der Frau die meisten Punkte. Plötzlich ist der Mann einfühlsam, er liest natürlich auch Bücher und findet den Film »Titanic« zum einen spannend, aber natürlich überwiegend romantisch bis traurig.

ACHTUNG:
Sollte der Mann sogar sagen, er hätte geweint,
dann, liebe Frauen, bleibt euch nur noch die Flucht.
Denn dann hat er klassisch übertrieben und ist sogar
zu blöde, um zu lügen.

Doch zurück zur Frage: **»Würdest du alles für mich machen,
damit ich glücklich bin?«**

In der **ANBAGGERPHASE** kämen mehrere Antworten in Frage.
Hier die Top 3:

Platz 3: »Natürlich!«
Platz 2: »Ich würde mich freuen, es dir beweisen zu können.«
Platz 1: »Ich verstehe die Frage nicht! Wenn ich es nicht
machen würde, hätte ich dich auch nicht verdient. Eine Frau wie
du hat einfach das Beste verdient. Ich gehe sogar noch einen
Schritt weiter. Ich bin der Meinung, dass es die Pflicht eines Mannes ist, eine Frau glücklich zu machen. Ich kann dir nicht verspre-
chen, dass ich immer alles richtig mache, aber ich verspreche dir,
alles zu machen, was in meiner Macht steht.«

LEVEL 2: VERLIEBTHEITSPHASE

In dieser Phase wird immer noch fleißig gelogen. Wobei hier oft schon die Rede vom sogenannten Schwindeln ist. Man möchte dem anderen einfach nicht weh tun. Doch wie wir alle ja wissen, tut die Wahrheit leider manchmal weh. In der Psychologie spricht man bei der Verliebtheitsphase auch gerne von der sogenannten **ROSAROTEN BRILLE**. Wenn man verliebt ist, spielt der Alltag noch keine Rolle, der Partner sieht verdammt sexy aus, im Liebesleben werden Grenzen überschritten, und pünktlich zum 1. Dezember wird der Adventskalender von Amoreli bestellt, der jetzt auch noch täglich ausgepackt und voller Freude ausprobiert wird. In der Regel hält diese Phase bis zu maximal zwei Jahren an. Danach sinkt der Testosteronspiegel, und die rosarote Brille verschwindet in einen Schuhkarton, wo auch die Bilder des Expartners zu finden sind.

ACHTUNG:
Liebe Männer, solltet ihr einen Schuhkarton in eurer Bude haben, in dem Fotos eurer Ex drinliegen, dann ist es besser, wenn ihr diesen niemals erwähnt.

Entweder ihr vergrabt ihn im Garten oder deponiert ihn im Keller eurer Eltern. Zu Hause werden die Frauen den Karton finden, und dann kommen ganz viele Fragen auf euch zu.

Doch zurück zur Frage: **»Würdest du alles für mich machen, damit ich glücklich bin?«**

Auch in der **VERLIEBTHEITSPHASE** kommen mehrere Antworten in Frage. Hier die Top 5:

Platz 5: »Na klar, ich würde alles machen und noch viel mehr.«
Platz 4: »Baby, nur wenn du glücklich bist, bin ich es auch.«
Platz 3: »Mein Schatz, was habe ich falsch gemacht?«
Platz 2: »Du bist das Beste was mir je passiert ist, ich tue alles für dich.«
Platz 1: »So viele Jahre habe ich dich gesucht und dann endlich gefunden. Als ich dich damals angesprochen habe, hätte ich mir nicht träumen lassen, dass wir zusammenkommen und du dich für mich entscheidest. Jeden Tag bin ich wirklich dankbar und frage mich, womit ich so viel Glück verdient habe. Sag mir, was ich für dich machen kann, und ich mache es.«

LEVEL 3: LIEBESPHASE

In der Liebesphase wird nicht mehr ganz so oft gelogen, nur noch wenn es unbedingt sein muss. Jetzt versuchen wir Männer, die Wahrheit zu sagen, und das meist mit einer Frage im Vorfeld …
DARF ICH EHRLICH SEIN? Doch nun kommen zwei Komponenten zusammen, die ungünstiger nicht sein können. Die erste Verliebtheit ist weg, und wir versuchen, ehrlich zu sein, da die Frau immer wieder in Gesprächen sagt, dass man in einer Liebesbeziehung absolut ehrlich zueinander sein sollte.

Das stimmt zwar, aber wie schon gesagt, tut die Wahrheit manchmal weh. Am Anfang, in der Verliebtheitsphase, wäre die Wahrheit dank rosaroter Brille untergegangen, doch jetzt spielt der Alltag eine große Rolle. Man liebt sich, braucht aber immer wieder die Bestätigung des Partners, dass diese Liebe auch wirklich noch da ist. Männer und Frauen haben in diesem Punkt eine komplett andere Wahrnehmung.

ACHTUNG:
Für Männer ist es ein Liebesbeweis, wenn sie jeden Tag erneut pünktlich nach der Arbeit nach Hause kommen und regelmäßig für sexuelle Akte zur Verfügung stehen.

Doch zurück zur Frage: **»Würdest du alles für mich machen, damit ich glücklich bin?«**

In der **LIEBESPHASE** wird es langsam etwas rauer und ehrlicher, aber nur gaaaanz langsam. Hier die Top 3:

Platz 3: »Auf alle Fälle.«
Platz 2: »Ja, das würde ich, ich würde alles für dich tun.«
Platz 1: »Jedes Mal, wenn ich dich ansehe, springt mein Herz höher, jedes Mal, wenn ich dich höre, bekomme ich eine Gänsehaut, jedes Mal, wenn ich dich spüre, weiß ich, dass ich das Beste auf Erden an meiner Seite habe. Ich würde alles für dich machen.«

LEVEL 4: GEWOHNHEITSPHASE

In dieser Phase wird aus Liebe Gewohnheit. Jetzt lässt man den Klodeckel oben, ruft nicht mehr an, wenn man zu spät kommt, und der Satz **»ICH LIEBE DICH«** wird gerne mal mit den Worten **»ICH WEISS«** bestätigt – in der Regel vom Mann.

Die Gewohnheitsphase ist eigentlich die schwierigste Phase in einer Beziehung. Meistens tritt sie zwischen dem fünften und sechsten Jahr ein. Man kennt sich in- und auswendig, sexuell hat man alles Neue hinter sich, der Amoreli-Adventskalender wird zwar noch bestellt, aber das Türchen Nr. 4 wird gerne mal am 21. Dezember mit all den anderen Türchen zusammen geöffnet. Man betrachtet den Inhalt, schwelgt in der Vergangenheit und legt die lustigen Accessoires ungeöffnet in die Nachttischschublade. Man spricht zwar darüber, dass man sich wieder mehr Zeit füreinander nehmen sollte, tut es aber letztendlich nicht. Wenn man jetzt nicht aufpasst und die falschen Signale sendet, kann es sein, dass die Weichen ungünstig gestellt werden und man sich klassisch voneinander entfernt.

Spätestens im **SIEBTEN JAHR** realisiert man, dass die Beziehung so keinen Sinn mehr macht. Er und sie laden sich unabhängig voneinander und nicht wissend, dass der andere es auch macht, Tinder aufs Handy und verstecken es auf dem Smartphone meistens in irgendeinem Ordner, damit der andere nicht sofort checkt, wo die Reise hingeht. Das verflixte siebte Jahr!

ACHTUNG:
Wenn man mit seinem Partner auf Langstrecke
gehen will, sollte man in dieser Zeit ganz akribisch
an der Beziehung arbeiten.
Es kommen bessere Zeiten. Versprochen.
Eine Trennung macht rational und emotional zu diesem
Zeitpunkt keinen Sinn. Der neue Partner hat eventuell
eine andere Haarfarbe und einen anderen Namen,
doch die Probleme bleiben dieselben!!!

Doch zurück zur Frage: **»Würdest du alles für mich machen,
damit ich glücklich bin?«**

Die **GEWOHNHEITSPHASE** ist die schlimmste Phase. In die
sollte man nie kommen. Denn die Kombination von gedanken-
loser Ehrlichkeit und emotionalem Sendeschluss ist Gift für eine
Beziehung. Jetzt fallen die Antworten deutlich kürzer aus.

Platz 5: »Ja.«
Platz 4: »Klar.«
Platz 3: »Ja klar.«
Platz 2: »Mach ich doch.«
Platz 1: »Was hast du gesagt?«

LEVEL 5: TRENNUNGSPHASE

Die Trennungsphase trägt die bittere Wahrheit schon im Wort. Es ist ein bisschen so, wie wenn man nach vielen Jahren aus seiner alten Zweizimmerwohnung ohne Balkon und Badezimmer mit Fenster plötzlich in eine Fünf-Zimmer-Dachterrassenwohnung zieht, mit Bad, Sauna und Kamin im Wohnzimmer. Man ist in Gedanken schon aus der alten Bude ausgezogen und hat jetzt wenig Lust, diese noch korrekt und ordnungsgemäß zu renovieren. Ist einem ja eh scheißegal, zumal das Geld für die neue Wohnung gebraucht wird, die eh viel, viel schöner ist als die alte. (Ich spreche hier von der Wohnung ☺.) Genau so verhält man sich bei einer Trennung.

Erschwerend kommt hinzu, dass in 86 Prozent aller Trennungen der eine Partner die komplette Prozedur im Kopf und auch emotional bereits durchgegangen ist. <u>Er hat sich quasi schon über Monate getrennt.</u> Jetzt entstehen zwei Fronten. Der Verlassene, der verletzt ist und nicht versteht, wie es überhaupt so weit kommen konnte, und der Schlussmacher, der mit den Gedanken schon im neuen, angeblich schöneren Leben ist. Beide sind emotional so weit auseinander, dass eine vernünftige Trennung kaum möglich ist. Auch wenn am Anfang der Beziehung noch darüber gesprochen wurde, dass man sich nie so trennen würde, wie der bescheuerte Expartner es gemacht hat, wird es leider nicht viel anders ablaufen.

Und nun ein letztes Mal zurück zur Frage: **»Würdest du alles für mich machen, damit ich glücklich bin?«**

Wenn man sich trennt, tut es einem immer weh. Jetzt wird die Logik des Verletzten ausgeschaltet, und der Urinstinkt übernimmt die Kontrolle. Ihr könnt euch vorstellen, wie nun die Antworten auf die Frage ausfallen. Hier meine Top 3:

Platz 3: »Nein.«
Platz 2: »Ich habe viel zu viel für dich getan.«
Platz 1: »Hätte ich mal auf meine Mutter gehört!«

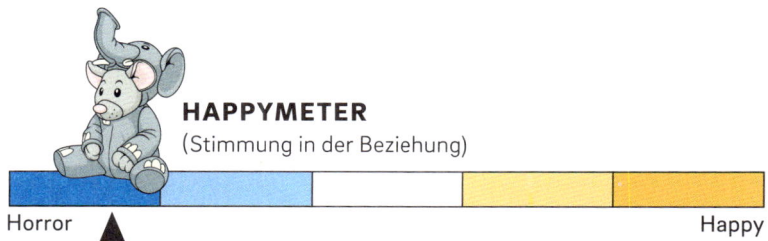

HAPPYMETER
(Stimmung in der Beziehung)

Horror ▲   Happy

Schwindeln ist nicht Lügen

Wir hatten ja gerade das Thema Lügen. Doch wie wir alle schon festgestellt haben, ist eine Lüge nicht immer eine Lüge. Manchmal ist sie einfach ein psychologisches Stilmittel. Die drei häufigsten Gründe sind:

- Ich möchte denjenigen, den ich liebe, nicht verletzen.
- Für mich ist Harmonie wichtiger als die Tatsache, recht zu haben.
- Der Fokus liegt auf dem Ziel, das ich erreichen will.

Es kommt aber auch ganz selten einmal vor, dass alle drei Gründe vorliegen. Jeder, der eine Beziehung hatte oder gerade aktiv hat, egal ob Mann oder Frau, kennt die Situation, dass ihm eine Frage gestellt wird, die er nicht wirklich ehrlich beantworten kann, ohne dass es eine Konsequenz zur Folge hat, die derjenige nicht erleben möchte. Es gibt Fragen, da kannst du nur verlieren.

Und dann gibt es noch den Fall, dass man zwar die Ursprungsfrage beantwortet, mit der Antwort aber eine Lawine von nachfolgenden Fragen auslöst. Es ist wie mit der Büchse der Pandora: Die eine Frage wird gestellt (oder die Dose wird geöffnet), es folgt eine ehrliche oder arglose Antwort, und zack geht eine neue Dose auf.

BLAU ODER GELB?  BEISPIEL

SIE: »Welches Kleid ist schöner, das gelbe oder das blaue?«

ER: »Das gelbe ist viel schöner.«

SIE: »Warum?«

ER: »Finde ich eben. Da siehst du toll drin aus. Blau steht dir nicht so gut.«

SIE: »Die blaue Bluse, die ich habe, findest du doch aber auch gut.«

ER: »Ja schon, aber es geht doch jetzt um das Kleid.«

ACHTUNG:
Der Frau geht es nicht um das Kleid,
sondern um eine Antwort, die ihre Wahl bestätigt.
Liebe Männer, das Spiel könnt ihr nicht gewinnen!

Gehen wir mal davon aus, der Mann hätte anders geantwortet.

SIE: »Welches Kleid ist schöner, das gelbe oder das blaue?«

ER: »Das blaue ist viel schöner.«

SIE: »Warum?«

ER: »Finde ich eben. Da siehst du toll drin aus. Blau, finde ich, zeigt deine wahre Figur.«

SIE: »Ach, macht mich gelb etwa fett?«

ER: »Nein, darum geht es doch gar nicht.«

SIE: »Du weichst immer aus. Findest mich also zu fett. Na toll. Du schaffst es immer wieder, mir den Tag zu versauen. Danke.«

Du kannst nur verlieren, aber das ist völlig okay. Denn es geht gar nicht um die Frage an sich, sondern um die Tatsache, wer zuerst fragt. Ganz nach dem Motto, **WER FRAGT, DER FÜHRT DAS GESPRÄCH.**

Um es noch besser zu verdeutlichen, erzähle ich euch eine kurze Geschichte. Es ist Sonntagnachmittag, die Sonne scheint, und die Luft ist herrlich. Meine Freundin hat Kuchen besorgt, und wir wollen gemütlich Kaffee trinken. Sie drapiert die zwei Stück Kuchen auf einer Porzellanplatte. Männer würden den Kuchen einfach auf dem Pappteller des Konditors lassen und sich das Stück von dort mit den Händen runternehmen. Bei Frauen ist das aber ein No-Go!!! Für Frauen muss alles perfekt sein. Dazu komme ich in diesem Buch noch. Zurück zum Kuchen. Der Kuchentisch ist perfekt gedeckt. Auf der Porzellanplatte liegen zwei Stück Kuchen, ein größeres und ein kleineres Stück. Was muss ich machen, damit ich das große Stück bekomme?

Derjenige, der das erste Stück nimmt, hat quasi schon gewonnen. Wer agiert, bestimmt das Geschehen. Warum? Ganz einfach. Gehen wir mal die beiden Möglichkeiten durch.

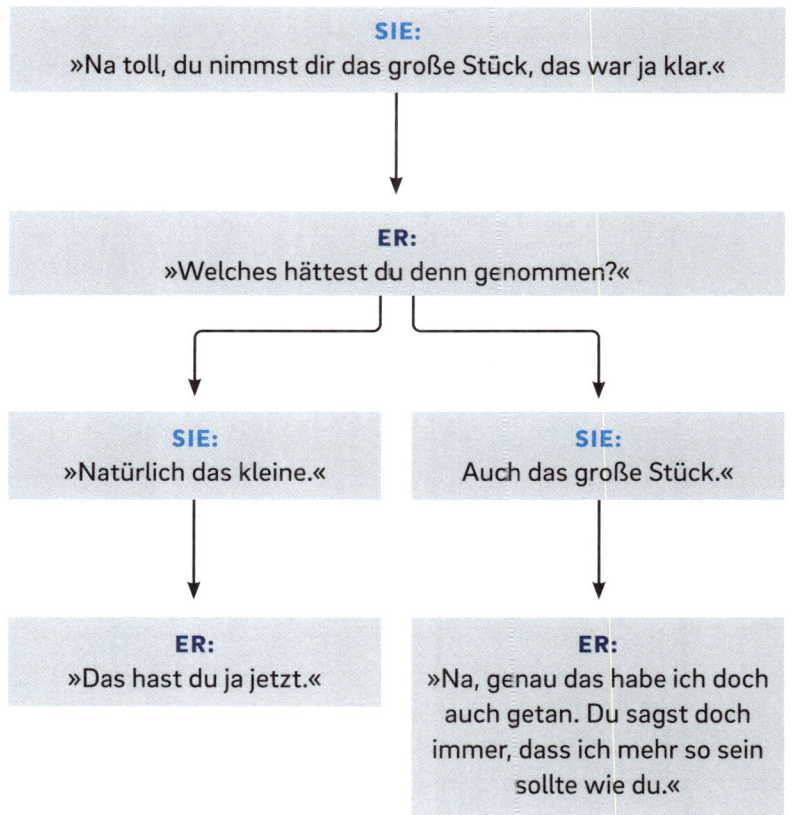

SIE:
»Na toll, du nimmst dir das große Stück, das war ja klar.«

ER:
»Welches hättest du denn genommen?«

SIE:
»Natürlich das kleine.«

SIE:
Auch das große Stück.«

ER:
»Das hast du ja jetzt.«

ER:
»Na, genau das habe ich doch auch getan. Du sagst doch immer, dass ich mehr so sein sollte wie du.«

Genauso ist es auch mit den Fragen. Wer die erste Frage stellt, agiert. Der andere muss reagieren. Der Reagierende ist immer einen Schritt hinterher. Da Frauen bekanntlich viel schneller sind und auch viel mehr Fragen parat haben, werden wir Männer einfach immer verlieren. Kommen wir also zurück zum Kleid. Blau oder gelb?

Es gibt nur eine richtige Antwort.

SIE: »Welches Kleid ist schöner, das gelbe oder das blaue?«

ER: »Das gelbe bringt deine Haare zum Leuchten, und das blaue passt perfekt zu deinen Augen.«

SIE: »Du bist so süß. Aber welches soll ich denn jetzt nehmen?«

ER: »Beide.«

SIE: »Es macht so einen Spaß, mit dir shoppen zu gehen.«

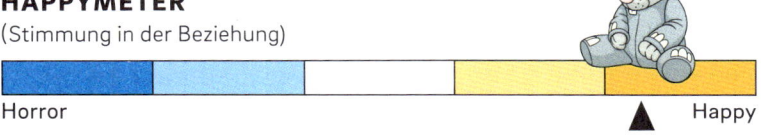

HAPPYMETER
(Stimmung in der Beziehung)

Horror   ▲   Happy

Ich weiß schon genau, was der eine oder andere jetzt denkt. Da ist es wieder, der Barth, Kohle satt, der kauft natürlich beide Kleider. Der hat gut reden. Doch was machen Menschen, die es sich nicht leisten können, trotzdem aber keine Lust haben, unter einer Lawine von Fragen begraben zu werden. Da gibt es einen Trick.

SIE: »Welches Kleid ist schöner, das gelbe oder das blaue?«

ER: »Das blaue.«

SIE: »Warum?«

ER: »Meine Exfreundin hatte mal so ein gelbes Kleid. Wenn du es aber schöner findest, dann komme ich damit klar.«

Ich garantiere euch, dass sich die Frau für das blaue Kleid entscheiden wird.

Ich gebe zu, das war eine **LÜGE**, aber wie schon eingangs gesagt, gibt es unterschiedliche Motivationen für eine Lüge, oder nennen wir es lieber **SCHWINDELN**. Hier war die Motivation: Ich möchte denjenigen, den ich liebe, nicht verletzen.

Kommen wir zum zweiten Stilmittel der psychologisch motivierten Lüge.

Das Streben nach Harmonie

Für mich ist Harmonie wichtiger als die Tatsache, recht zu haben. Dieses Stilmittel kommt bei Frauen viel häufiger vor als bei Männern. Jede Frau kennt das. Der Mann kommt nach Hause und ist schlecht gelaunt. Die Frauen merken das sofort, sagen aber nichts. Es vergeht eine gewisse Zeit, und aus dem Nichts entsteht ein Gespräch, aus dem Gespräch entwickelt sich eine Diskussion, und plötzlich wird gestritten, ohne dass es einen Grund dafür gibt. Jeder packt seine Argumente aus, die abwechselnd auf die Waagschale gelegt werden. Die Frau führt 4:3, als der Mann plötzlich etwas behauptet, was hundertprozentig nicht stimmt. Der Mann weiß es, die Frau weiß es auch. Jetzt passiert etwas ganz Besonderes, was nur Frauen können. Nicht nur, dass sie ihm nicht sagt, dass er Unsinn redet, nein, sie bestätigt ihn auch noch in seiner Falschbehauptung. Es fallen Sätze wie:

Frauensätze
»Ah okay, so ist das. Was du alles weißt!«
»Ich bin echt stolz auf dich, du hast auf alles eine Antwort.«
»Entschuldige, du hast völlig recht.«

Frauen müssen nicht immer recht haben, sie möchten einfach Harmonie. Nicht zu verwechseln mit Männern, die ihrer Frau recht geben. Die Motivation und die Sätze fallen hier anders aus. Die Motivation ist nicht Harmonie, sondern ganz nach dem Motto, du hast recht und ich meine Ruhe. Daraus resultieren folgende Antworten.

Männersätze
»Ja, ja.«
»Genau.«
»Na dann.«

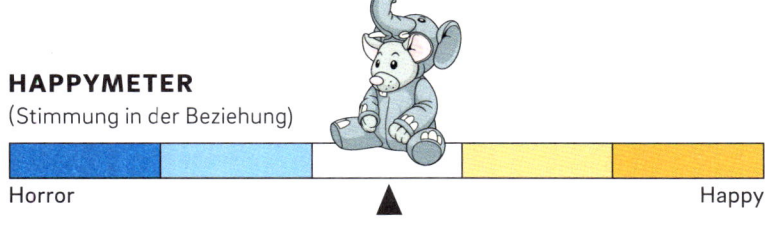

HAPPYMETER
(Stimmung in der Beziehung)

Horror ▲ Happy

DAS ZIEL IM BLICK FRAUEN-BEISPIEL

Das bekannteste Stilmittel beim Schwindeln, bei Männern und bei Frauen gleich ausgeprägt, ist die Zielverfolgung. Hierbei liegt das, was ich erreichen will, im Fokus. Vielleicht habe ich ja mein Ziel schon erreicht, ich muss den anderen nur noch davon überzeugen. In diesem Punkt sind Frauen viel kreativer als Männer.

Die Frau will ein Kleid, sie weiß aber, dass sie selbst pleite ist und er gerade etwas geizig ist und einen Igel in der Tasche hat. Doch das ändert nichts an der Tatsache, dass sie das Kleid, die Tasche oder das Paar Schuhe unbedingt haben will – und zwar jetzt. Wie wir alle wissen, ist das Thema Geduld bei Frauen etwas komplizierter. Darauf komme ich in diesem Buch noch zu sprechen.

Das Ziel ist klar definiert. Das Objekt der Begierde muss her, und zwar so schnell wie möglich.

Die Aufgabe ist auch klar. Das alles muss geschehen, ohne dass er seine Argumente, die eventuell sogar gerechtfertigt wären, platzieren kann.

Der Plan ist wie folgt: Die Frau kauft die Tasche, das Paar Schuhe und das Kleid. Sie bezahlt alles mit getrennten Karten und teilweise mit Bargeld, da sie ihren Mann kennt und weiß, dass er hohe Summen sofort bemerken würde, wenn sie auf der Kreditkartenabrechnung auftauchen würden. Frauen sprechen da von Splitten.

Zumal diese Methode auch noch andere Vorteile der Vertuschung hat. Unterschiedliche Kreditkarten heißt unterschiedliche Tage, an denen abgebucht wird. Bargeld ist eh schon weg, und die EC-Karte wird wiederum anders abgerechnet. Der Mann hat daher keine Chance nachzuvollziehen, wie was wann ausgegeben wurde und vor allem wofür. Jetzt gibt es nur noch eine Gefahr: Der Mann bemerkt eventuell, dass die Frau neue Sachen anhat. Dies passiert nicht häufig, da Männer oft noch nicht mal wissen, welche Augenfarbe die eigene Frau hat, aber ein Restrisiko besteht. Um zu vermeiden, auf dem letzten Meter aufzufliegen, packen Frauen ihre neuen Sachen erst mal weg, zumindest vor dem Mann. Die beste Freundin wird natürlich per Facetime oder Skype informiert. Frau muss ja schließlich präsentieren, was sie Neues erbeutet hat. Nachdem die Sachen dann für drei Wochen im Schrank verschwunden sind, werden sie guten Gewissens rausgeholt und stolz getragen. Wenn der Mann jetzt im eher unwahrscheinlichen Fall aber doch bemerken sollte, dass sie etwas Neues anhat, und fragt, kann sie, ohne zu lügen, sagen: »Nein, hab ich schon länger, hing schon eine ganze Weile im Schrank.«

ACHTUNG:
Die Definition von Zeit und Raum ist in der Wissenschaft zwar begründet, hat aber mit der Zeit und dem Raum einer Frau nichts zu tun. Die Sachen hingen gute drei Wochen (Zeit) im Schrank (Raum). Für eine Frau eine Ewigkeit. Daher ist das in dieser Hinsicht keine Lüge, sondern maximal Schwindeln, wenn überhaupt.

Männer sind da nicht so kreativ, darum werden Männer statistisch auch viel häufiger beim Lügen erwischt.

MÄNNER-BEISPIEL Ein Beispiel, das jede Frau kennt, die mit einem Mann zusammenlebt, ist schnell erzählt. Der Mann erzählt der Frau, dass er sich bei eBay ein unterschriebenes Trikot seiner Lieblingsfußballmannschaft kaufen möchte. Mindestgebot ist 500 Euro. Die Frau hört das Wort Mindestgebot und weiß sofort, dass es viel teurer werden wird. Sie interveniert, sprich ist absolut dagegen. Der Mann will es aber und hat nun auch ein Ziel.

Das Ziel ist auch hier definiert. Das Trikot muss ersteigert werden. Er hat sich bei der Auktion zwar ein Limit gesetzt, aber das ist er auch bereit zu übersteigen. Wobei cann ein Limit wenig Sinn macht. Aber wir Männer machen halt manchmal Dinge, die wenig Sinn haben. Eine leere Bierdose am Kopf zusammendrücken, Hotdogwettessen, bis einem schlecht ist, und versuchen, eine Frau davon zu überzeugen, dass er ein Hauptgewinn ist.
Die Aufgabe ist auch klar. Er muss zu einem Freund nach Hause, der einen schnellen Internetanschluss hat, damit er unbemerkt mitsteigern kann.
Der Plan ist typisch für einen Mann, es gibt keinen − oder zumindest keinen besonders ausgeklügelten.

Jetzt macht der Mann, anders als die Frau, einen entscheidenden Fehler. Kurz vor Ende überwiegt die Emotion und schaltet die Vernunft aus. Der Fokus wird plötzlich verschoben. Er hat so oft auf »Aktualisieren« geklickt, um zum perfekten Zeitpunkt sein Gebot abzugeben, er hat sein Limit zwar um 210 Prozent überstiegen, aber er hat sich einen Kindheitswunsch erfüllt. Es war doch alles so einfach! Und sie hatte nichts davon mitbekommen. Als Empfängeradresse hat er die seines Freundes eingetragen, doch beim Bezahlen greift er auf das Paypal-Konto zurück, ungeachtet dessen, dass dieses Konto von beiden genutzt wird. Der Tag der »Abrechnung« kommt. Er hatte das Trikot noch nicht bei seinem besten Freund abgeholt, da weiß sie schon, was er wann für wie viel gekauft hat.

Doch im folgenden Verhalten unterscheidet sich die Frau nicht nur komplett vom Mann, sie ist auch noch viel, viel schlauer als wir. Wären wir Männer in der Situation, würden wir sofort mit dem Gepolter anfangen, sobald die Tür nur einen Spalt geöffnet ist. Frauen sind da viel stilvoller. Sie verhalten sich wie elegante Löwinnen kurz vor dem Angriff auf eine Gazelle. Sie begrüßen dich und fragen sogar, wie dein Tag war. Dann pirschen sie sich ran.

SIE: »Na, was hast du heute gemacht?«
ER: »Äh, warum?«

Das ist schon ein Fehler. Sie weiß, was du gemacht hast ...

ACHTUNG:
Liebe Männer, Frauen wissen alles. Man spricht davon, dass das FBI die Behörde ist, die am meisten weiß und am besten recherchiert, aber auch die Jungs wissen, dass Frauen um ein Vielfaches besser informiert sind als sie. Du musst nur mal einen Frauennamen vor deiner Partnerin fallen lassen und das noch mit einem Lächeln. Es dauert keine 24 Stunden, dann weiß sie alles über das Mädel. Geburtsname, Blutgruppe und Anschrift.

Goldene Regel

Schwindeln ist erlaubt, um Verletzungen vorzubeugen, die Harmonie in der Beziehung zu erhalten und um existenzielle eigene Ziele zu verfolgen.

Eifersucht als Liebesbeweis

Wie ich nun schon öfter geschrieben habe, sind Frauen nun mal viel intelligenter als Männer. Das liegt zum einen daran, dass ihr Gehirn viel komplexer aufgebaut ist, und zum anderen, dass Frauen über Generationen gelernt haben, sich weiterzuentwickeln. Eine Studie hat sogar herausgefunden, dass die Intelligenz von Frauen von der Geburt an ausgeprägter und höher ist als bei einem Mann. Das sieht man schon in der Kindheit. Mädchen laufen in der Regel früher als Jungs. Während ein Mädchen mit durchschnittlich elf Monaten anfängt zu laufen, will der Junge gerne, bis er 31 Jahre alt ist, getragen werden. Mädchen sind einfach intelligenter, Frauen daher auch, Punkt.

Doch aus der Studie ging auch hervor, dass Frauen nicht unbedingt glücklicher sind. Das sind eher die Männer. Wir haben ein Selbstbewusstsein, das seinesgleichen sucht. Egal, wie fett wir Männer werden, wir ziehen den Schlüpfer weit über den Bauchnabel, stellen uns vor die Frau, klatschen uns mit der flachen Hand auf die Plautze und sagen Sätze wie: Ich bin eine Liebesmaschine. Männern ist vieles egal, was auch öfter dazu führt, dass man sich streitet. Denn Frauen ist nichts egal.

Zu der Tatsache, dass Mädchen intelligenter sind als Jungen, kommt nun nämlich noch das Konkurrenzdenken der Frau. Ja, ihr habt richtig gelesen, Frauen leben öfter in einer Konkurrenz als Männer. Man kann das immer wieder beobachten. Egal, wie hübsch die Frau ist, sie wird immer etwas an sich zu bemängeln haben. Die Nase ist zu groß oder zu klein, man ist zu dick oder zu dünn, oder die Brüste sind unterschiedlich groß (das ist bei allen Frauen so, und uns Männern ist es noch nie aufgefallen).

Frauen sind weniger mit sich zufrieden als Männer. Daher ist es auch unbedingt ratsam und sinnvoll für eine glückliche Beziehung, dass Männer immer und immer wieder sagen, wie hübsch die eigene Frau ist.

EIFERSUCHT & KONKURRENZ

Männer sollten, während sie mit ihrer Freundin einen Film schauen, niemals sagen, wie unglaublich sexy Megan Fox oder das andere heiße Mädel im Film aussieht. Auch wenn die Wahrscheinlichkeit echt gering ist, dass Megan Fox zufällig in der Straße langläuft, in der der Mann wohnt, an seiner Tür stehen bleibt, bei ihm klingelt und dann dem Mann sagt, dass sie mit ihm gemeinsam in den Sonnenuntergang reiten will. Zumal wir nicht vergessen dürfen, dass Frauen nichts vergessen. Es vergehen zehn Jahre, du kommst nach der Arbeit nach Hause, das Essen steht auf dem Tisch, die Erbsen sind etwas hart, und du sagst liebevoll: »Schatz, das Gemüse ist schon noch etwas bissfest.« Dann kann es sein, dass sie sagt: »Geh doch zu Megan Fox, vielleicht kann sie das ja besser.«

Frauen sind eifersüchtig, und das ist auch gut so. Eifersucht ist ein ganz normaler emotionaler Zustand in einer intakten Beziehung. Anders als von wenigen behauptet, hat Eifersucht weniger etwas mit mangelndem Vertrauen zu tun, sondern eher mit Verlustangst. Wenn ich einen Partner liebe, möchte ich diesen am liebsten für immer behalten. Das ist auch der Grund, warum Frauen gerne früh heiraten wollen und Männer einen Hobbykeller haben.

WAS HABEN EIFERSUCHT, HOCHZEIT UND HOBBYKELLER MITEINANDER ZU TUN?

Die Eifersucht ist ein emotionaler und in normalen Maßen auch positiver Ausdruck von Leidenschaft und Liebe. Meine Freundin hat mal auf die Frage, ob sie eifersüchtig ist, gemeint: Solange ich keine anderen Frauen anspreche, mich keine andere Frau anfasst, ich nur sie liebe und ihr es jeden Tag sage und vor allem auch zeige, wäre sie es nicht.

Letztendlich gehört die Eifersucht in die Kategorie Liebe und Beständigkeit. Frauen haben sich für einen Partner entschieden und wollen nun mit ihm alt werden. Ganz wie sie es aus vielen Filmen kennen. Ungeachtet dessen, dass die Realität eventuell anders aussehen könnte. Das ist wahrscheinlich auch der Grund, warum viele Frauen Rosamunde-Pilcher-Filme schauen. Es dient dem Gefühl von Geborgenheit und Sicherheit und bedient einen Urinstinkt bei Frauen.

Daraus resultiert langfristig natürlich die **Hochzeit**. Wobei die Definition von »langfristig« zwischen Männern und Frauen komplett auseinandergeht.

Für Männer kann langfristig schon zwischen 3 und 15 Jahren liegen, während Frauen auch gerne mal nach 1 bis 2 Jahren heiraten wollen oder zumindest einen Antrag hören möchten. Aber auch da sind Feinfühligkeit und absolute Konzentration gefragt. Du kannst als Mann nicht einfach so fragen, ob sie dich heiraten will. Denn eine Frau heiratet nur einmal, zumindest denselben Mann.

Für sie ist es etwas ganz Besonderes. Alleine die Planung der Hochzeit ist ein Meisterwerk. Ich dachte ja immer, dass die Planung einer Hochzeit dann beginnt, wenn der Antrag vom Mann gestellt wurde, und zwar richtig. (Was ein richtiger Antrag ist, sage ich euch gleich.) Aber da habe ich mich komplett getäuscht. Die Planung einer Hochzeit beginnt in den frühen Kindheitstagen.

Und zwar meist um die Weihnachtszeit. Warum gerade zur Weihnachtszeit, werden sich nun einige fragen. Weil zur Weihnachtszeit die meisten romantischen Filme erscheinen. Egal, ob im Kino oder im Fernsehen. Filme wie »Drei Nüsse für Aschenbrödel« oder »Cinderella« sind maßgeblich an der Planung beteiligt, auch wenn diese im Unterbewusstsein eine größere Rolle spielen, als nach außen kommuniziert wird. Weitere Filme wie »Pretty Woman« oder »E-Mail für Dich« sind wichtige Filme, die gerade dem Mann wahnsinnig helfen können.

Mein Tipp an alle Männer:
Schaut euch die Filme, die ich euch hier unten nenne, unbedingt an, bevor ihr eurer Liebsten einen Antrag macht. Denn Frauen wissen bereits in frühen Jahren, wie dieser Antrag auszusehen hat. Leider sagen sie es einem aber nicht, was es erschwert, ihre Erwartungen gänzlich zu erfüllen.

Filme, die du als Mann für eine glückliche Beziehung und für den perfekten Heiratsantrag gesehen haben musst:

1. **PRETTY WOMAN**
2. **CINDERELLA**
3. **DREI HASELNÜSSE FÜR ASCHENBRÖDEL**
(ich weiß, ist wie Cinderella, aber das ist egal)

4. **DIE SCHÖNE UND DAS BIEST**
5. **E-MAIL FÜR DICH** (alternativ: SMS für dich, demnächst bestimmt auch: WhatsApp für dich)
6. **PS: ICH LIEBE DICH**
7. **TITANIC**
8. **SCHLAFLOS IN SEATTLE**
9. **DIRTY DANCING**
10. **RAMBO**

Frauen haben diese Filme alle bereits gesehen. Mehrfach. Alleine, mit ihrer Familie und mit ihrer besten Freundin. Und dann haben sie sich darüber unterhalten, wie es später mal wäre, wenn sie heiraten würden. Frauen haben auch schon in ihrer Jugend mit ihrer besten Freundin darüber geredet, wer wann wie viele Kinder bekommt. Frauen haben sich auch schon gedanklich mit dem Thema beschäftigt, ob sie einen Jungen oder ein Mädchen bekommen und wie diese sich dann in der Pubertät verhalten werden. Frauen sind da absolut durchgeplant. Bei ihnen passiert nichts aus Versehen. Das ist auch der Grund, warum Frauen im Durchschnitt viel besser mit den familiären Finanzen umgehen können als Männer. Während Frauen wissen, wann was bezahlt werden muss und dass man immer etwas Geld auf der sogenannten hohen Kante haben sollte, da die Waschmaschine ja kaputt gehen könnte, kaufen sich erwachsene Männer eine Carrera-Bahn oder ein altes BMX-Fahrrad aus ihrer Kindheit. Daher ist es gerade beim Thema Hochzeit so elementar wichtig, als Mann vorbereitet zu sein – denn Frauen sind es.

Für eine Frau gibt es in der Regel nichts Schöneres, als einmal im Leben eine Prinzessin zu sein. Ein schönes Kleid zu tragen. Ein Kleid, das noch keine andere Frau vorher in der Art und Weise getragen hat. Ein Kleid, das man danach nie wieder anzieht, auch wenn man beim Kauf gerne sagt, dass man es mit ein paar kleinen Änderungen super bei einer White-Night-Party anziehen könnte. Glaubt mir, das wird nie geschehen. Doch darum geht es nicht. Da haben wir Männer es wesentlich leichter. Schwarzer Anzug, weißes Hemd und ein paar schöne Schuhe. Die kannst du immer wieder anziehen. Zum Geburtstag, zu Weihnachten, zur Scheidung oder zur Beerdigung. Doch stellt euch mal vor, die Frauen würden zu den genannten Anlässen ihr Hochzeitskleid anziehen.

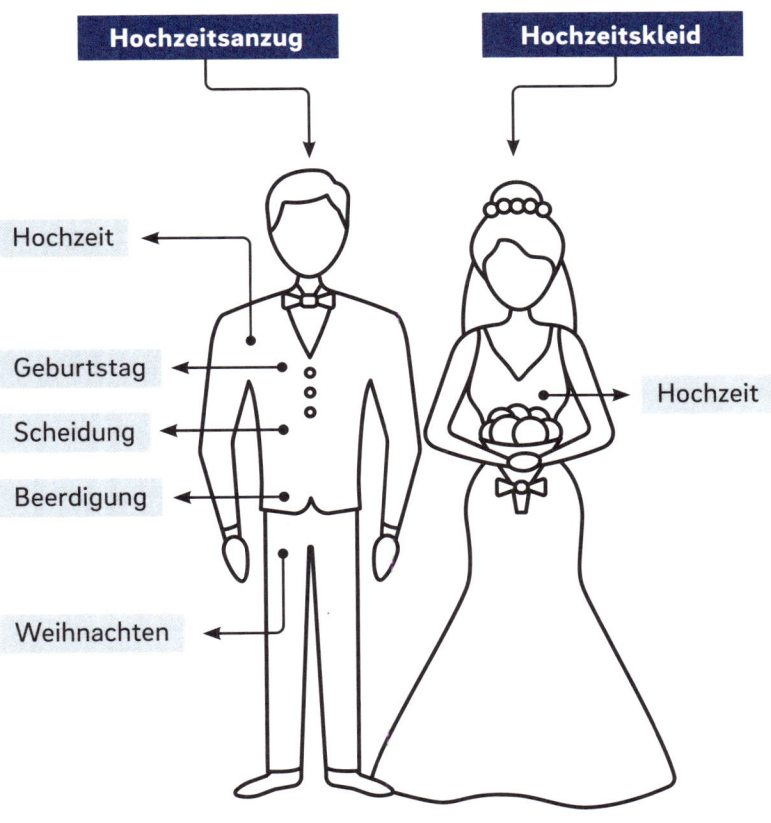

Frauen genießen es auch, stundenlang beim Friseur zu sitzen, der dann ihre Haare so verändert, dass man s e kaum wiedererkennt. Da kann man sich schon mal die Frage stellen, was denn an der Frisur, die er doch seit Jahren von ihr kennt und lieben gelernt hat, falsch war. Auch da, liebe Männer geht es nicht um rationales Denken und um Logik, sondern um die Tatsache, dass Frauen einen ganz besonderen Tag erleben möchten. Alles muss perfekt sein. Das Kleid, die Frisur und natürlich auch das Make-up, nicht zu vergessen die Nägel.

Gerne gehen Frauen schon einen Tag vor der Hochzeit zur Nageltante ihres Vertrauens, sonst wird das am Tag der Hochzeit zu hektisch. Nun darf man sich als Mann aber nicht wundern, dass die Frau, nachdem sie von ihrer Nageltante gekommen ist, den ganzen Tag mit gespreizten Fingern durch die Gegend läuft und dich für alles einspannen wird, wo sie eventuell etwas anfassen müsste, denn der Albtraum wäre es, sich einen Nagel kurz vor der Hochzeit zu beschädigen und zu zerkratzen. Daher kommt es immer häufiger vor, dass genau einen Tag vor der Hochzeit ein großer Krach entsteht. Der Mann wird plötzlich aus seiner gewohnten Umgebung und aus seinen gelernten Abläufen gerissen und in das Leben und in den Alltag der Frau katapultiert.

Eine Frau mit frisch gemachten Nägeln wirkt wie ein Dirigent in einem Symphonieorchester. Daher sollte man nicht versuchen, sich ihren Anweisungen zu widersetzen.

Was die Sache aber extrem erschwert, ist: Die Frau weiß genau, was sie will, doch der Mann kennt die Abläufe nicht. Warum auch, er war ja noch nie dabei, als die Frau ihren Koffer für eine Übernachtung gepackt hat. Er weiß mit Wörtern wie Eyeliner, Upgrader oder Fineliner nichts anzufangen. Wenn die Frau ihn also bittet, das Repair-Kit für Schellack einzupacken, kann es passieren, dass er in seinen Hobbykeller geht und nach Spachtelmasse für seine Oldtimer sucht. Lange Rede, kurzer Sinn, es entstehen Missverständnisse, gepaart mit der Ungeduld der Frau, und das wiederum führt unausweichlich zu einem Streit. Aber auch das haben wir Männer bereits gelernt:

Goldene Regel

Streiten ist o.k., solange die Frau recht hat.

Für Frauen ist die Hochzeit das allerhöchste Ereignis. Nicht die Geburt eines Kindes, wie viele meinen. Frauen bereiten sich das ganze Leben darauf vor. Sie sparen Centstücke für ihre Hochzeitsschuhe, und sie wissen exakt, wie das Brautkleid auszusehen hat. Selbst Tischdeko und Playlist für die Feier sind bis ins kleinste Detail geplant. Daher, liebe Männer, egal, wie es finanziell bei euch aussieht: Fangt niemals, aber auch wirklich niemals an, bei folgenden Sachen über Preise oder Notwendigkeit mit der Liebsten zu diskutieren: Kleid, Schuhe, Friseur, Make-up-Artist, Deko, Gästeliste, Essen, Getränke, Weine, Location, Band, Gastgeschenke, Einladungskarten, Dankeskarten, Hochzeitswagen oder Kutsche, fliegende Tauben, Mitternachtsfeuerwerk, Fotografenteam, Hotelzimmer.

Dass Männer und Frauen komplett unterschiedlich sind, wissen wir alle, und das habe ich auch schon in Programmen wie »Männer sind Schweine, Frauen aber auch«, »Männer sind schuld, sagen die Frauen« geschildert oder werde es im neusten Programm »Männer sind so, Frauen so!« anschaulich und lustig schildern. Aber was genau ist der Unterschied? Wir leben doch zusammen, verbringen den Urlaub miteinander, haben mitunter gemeinsame Kinder. Warum sind wir nicht nur im Wesen unterschiedlich, sondern führen auch dieselbe Beziehung auf unterschiedliche Art?

Das liegt an den unterschiedlichen Blickwinkeln, wie schon das Beispiel mit der Hochzeit zeigt. Für Frauen ist sie ein absolutes Highlight, für einige Männer einfach der nächste Schritt.

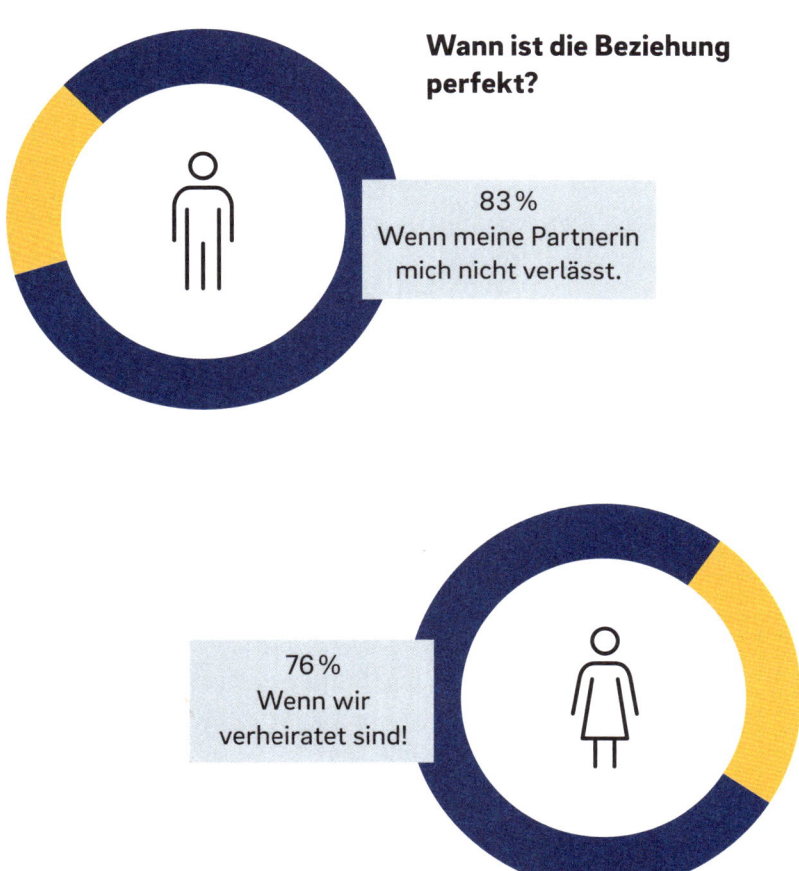

Wann ist die Beziehung perfekt?

83%
Wenn meine Partnerin mich nicht verlässt.

76%
Wenn wir verheiratet sind!

Frauen wollen heiraten, Männer machen es halt. Natürlich gibt es auch dort die Ausnahmen, die die Regel bestätigen. Männer sind da eher rational. Es kann daher schon mal passieren, dass Männer, nachdem sie in etwa wissen, was die Hochzeit kosten wird, zu ihrer Frau gehen und sagen: »Schatz, wollen wir wirklich heiraten? Ich liebe dich doch auch so. Für das Geld könnten wir uns ein Motorrad kaufen, da kannst du ja gerne auch mal hinten draufsitzen!«

BEISPIEL WOHNUNG Nehmen wir als nächstes Beispiel die Gestaltung beziehungsweise Nutzung der Wohnung und deren Zimmer. Für uns Männer sind andere Dinge wichtig als für Frauen. Während Frauen sich stundenlang mit dem Mitarbeiter des Baumarktes über Farbnuancen unterhalten und darüber philosophieren, ob Organic Caribbean Green besser ins Bad passt als Stressless Ocean Blue, überlegen sich Männer, ob ein 75-Zoll-Fernseher nicht doch zu klein ist für das Gästeklo. Männer sind da einfacher gestrickt, was nicht heißen soll, dass das besser ist. Frauen mögen es schön in ihrem Zuhause. Auch das Wort »schön« ist natürlich Definitionssache. Für den einen ist eine rohe Betonwand schön, für den anderen muss es die gute alte Tapete sein. Während Frauen monatelang auf allen Webseiten dieser Welt nach dem richtigen Wohnzimmertisch suchen, nimmt der Mann einen alten Auspuffkrümmer, den er noch im **HOBBYKELLER** hatte, flext ihn unten plan und schraubt eine Glasplatte drauf. Doch das kannst du machen, wenn du alleine lebst. Mit einer Frau zusammen geht das nicht.

Frauen nutzen auch die Räume anders. Das fängt schon bei der Suche einer neuen Wohnung an. Die alte Wohnung vom Mann geht ja leider nicht mehr, da dort schon die Ex gewohnt hat, aber dazu kommen wir im nächsten Kapitel. In der neuen Wohnung muss es ein Wohnzimmer, ein Schlafzimmer, gerne zwei Bäder, Esszimmer, Küche, Ankleidezimmer, Accessoires-Raum* und Arbeitszimmer geben. Nun kannst du raten, wem welche Zimmer gehören. Aber auch hier, liebe Männer, spreche ich aus Erfahrung. <u>Diskutiere niemals mit einer Frau um gerechte Raumaufteilung.</u> Du wirst das Ding verlieren. Ich habe mal gewagt anzusprechen, dass sie ja viel mehr Räume hat als ich. Ich weiß, es war ein großer Fehler. Sie schoss direkt zurück.

SIE: »Wie kommst du darauf?«

ICH: »Na ja, es ist ein Fakt.«

SIE: »Das ist keine Antwort.«

ICH: »Na, du hast einfach mehr Zimmer als ich. Ich habe kein eigenes Zimmer, wo ich mich mal zurückziehen kann.«

SIE: »Ich auch nicht.«

ICH: »Na klar.«

SIE: »Okay, dann lass uns das mal durchgehen. Das Wohnzimmer gehört auch dir.«

ICH: »Ja, das stimmt, aber ich meine ein Zimmer nur für mich, wo ich zum Beispiel eine Carrera-Bahn aufbauen kann.«

SIE: »Bau sie doch im Wohnzimmer auf.«

ACHTUNG: Das meint sie nicht ernst. Das dient lediglich als kurzfristiges Argument in der gerade geführten Diskussion.

SIE weiter: »Schlafzimmer, auch deins! Küche auch deine!«

ICH: »Du hast ein Ankleidezimmer und einen Accessoires-Raum, was immer das ist.«

---

* *Accessoires-Raum:* ein Raum, in dem Regale verbaut sind, in denen u. a. Schuhe, die zwar gekauft wurden, aber nicht passen, drinstehen, aber auch Handtaschen, Tücher, Gürtel, Broschen, Hüte oder leere Kartons.

Jetzt kam das beste Argument!!!!

SIE: »Dafür hast du dein Büro!«

Diskussion beendet. Ungeachtet dessen, dass es sich hierbei ja nicht um einem Freizeitraum handelt, den wir Männer frei gestalten können. Ob nun mit einer Carrera-Bahn, zwei goldenen BMX-Rädern an der Wand, einem geilen alten Plattenspieler* oder einem Tisch, vier Stühlen und einem Pokerblatt. Wohl dem, der einen Hobbykeller hat!

Goldene Regel

Frauen muss man nicht verstehen, man muss sie lieben.

---

* Für die Jüngeren unter euch: Eine Platte, korrekt Schallplatte genannt, ist ein Medium, auf dem Musik für die Ewigkeit gespeichert ist. Wie eine CD, nur in Groß und Schwarz.

5.

Deko ist Chefsache

Jeder Mann, der mit einer Frau zusammenlebt, weiß, dass die Deko bei Frauen ganz wichtig ist. Es gibt ihnen, wie schon gesagt, das Gefühl von Wohnlichkeit und Luxus. Aber nicht nur die Dekoration der gemeinsamen Wohnung liegt der Frau am Herzen, sondern auch gerne die komplette Umgestaltung, wenn nicht letztendlich sogar der endgültige Umzug. Auch hier gilt wieder die erste Regel für eine glückliche Beziehung.

Goldene Regel

Happy wife, happy life.

Doch Frauen sind nicht happy, wenn sie wissen, dass du als Mann bereits mit einer anderen Frau in dieser nun gemeinsamen Wohnung gelebt, eventuell Spaß oder wohlmöglich sogar noch Sex gehabt hast. Was für uns Männer total egal ist, ist für Frauen elementar. Ich denke, jeder kennt die Situation. Du lernst einen neuen Partner kennen, beide haben eine eigene Wohnung, und man trifft sich abwechselnd mal beim einen und dann wieder beim anderen. Nach einer Weile verlagert sich dann der Treffpunkt immer mehr in die Wohnung des Mannes. Auch das ist psychologisch einfach zu erklären. Während wir Männer schnell zufrieden sind und beim Erreichen einer gewissen Zufriedenheit auch keinen Anlass sehen, etwas zu ändern, sind Frauen immer auf der Suche nach etwas Neuem, etwas Besserem, etwas anderem.

BEISPIEL

Das sieht man schon beim Kauf von Kleidung. Wenn der Mann eine Hose gefunden hat, die nicht nur gut aussieht, sondern auch noch passt, dann kauft er gerne mal mehrere davon in unterschiedlichen Farben. Gleiches gilt für Unterwäsche und Socken. Männer haben überwiegend dieselben Unterhosen oder Socken mehrmals. Ich habe nur eine Sorte Socken in zwei Farben, mehr nicht. Hat einen wahnsinnigen Vorteil beim Sortieren nach der Wäsche, und es fällt nicht auf, wenn mal wieder einer fehlt, wo auch immer der hin ist. Frauen hingegen möchten gerne öfter mal was Neues.

ZU DIR ODER ZU MIR?

Der psychologische Grund, warum Frauen am Ende mehr beim Mann in der Wohnung sind als umgekehrt, besteht genau darin: Ihre Wohnung kennt sie schon, seine ist noch neu. Da kann man noch verändern, denn auch das ist ein natürlicher Drang bei Frauen. Man spricht auch von **MOVING MOTIVATION** – die Neugierde und das Interesse, sich zu verändern.

Je öfter die Frau in der Höhle des Mannes aktiv ist, umso mehr verändert sich dort. Es fängt meist mit Duftkerzen an. Dann geht es mit weichen Handtüchern ohne Löcher weiter bis hin zu Fotos und neuen Bildern im Schlafzimmer, Wohnzimmer und vor allem im Flur. Auch das hat einen ganz natürlichen Ursprung. Frauen markieren ihr Revier. Doch irgendwann ist alles markiert und verändert, und trotzdem fehlt noch das gewisse Etwas. Irgendetwas stört noch im neu erschaffenen Liebesnest. Genau, es ist das Bewusstsein, dass hier mal eine andere Frau gewohnt hat. Es bleibt ihr also am Ende gar nichts anderes übrig, als nach einer neuen Wohnung zu suchen.

Doch kaum ist die neue Wohnung gefunden, fängt eine ganz schwierige, sehr feinfühlige Phase an. Jetzt musst du als Mann verdammt aufpassen. Frauen haben, wie schon erwähnt, alles im Kopf fertig geplant. Sie wissen schon, welche Zimmer wofür da sind und vor allem wie diese auszusehen haben. Als Mann tut man gut daran, erst mal ihre Vorschläge anzuhören, diese dann zu loben, und wenn man dann mit einigen Sachen nicht zufrieden ist, diese zu notieren und zu reduzieren. Denn eins ist ganz klar, je mehr dich stört, desto mehr Streit wird es geben. Frauen sind einfach in der Argumentation viel besser als wir Männer, und sie haben das absolute Joker-Wort für sich beansprucht ... **TROTZDEM**.

**Wie stark haben sich Frauen und Männer
in den letzten Jahren durchschnittlich verändert?**

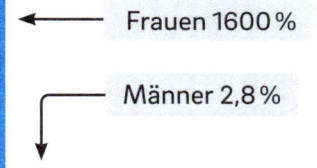

Frauen 1600 %

Männer 2,8 %

Mit diesem Wort gewinnen sie jeden Streit und jede Diskussion. Nun gilt es, als Mann hellwach zu bleiben. Frauen haben nämlich noch viel mehr Tricks auf Lager. Frauen haben die Begabung, mehrere Baustellen gleichzeitig aufzumachen. Das kennt man sonst nur von guten Rechtsanwälten oder üblen Verträgen. Frauen verschachteln die Informationen und die noch zu klärenden Punkte miteinander so geschickt, dass wir Männer irgendwann den Überblick verlieren.

DAHER MEIN TIPP AN ALLE MÄNNER:
Schreibt euch die wirklich wichtigen Punkte auf,
und erst wenn diese geklärt wurden, hakt ihr sie ab.
Ganz wichtig, und das habe ich von meiner Freundin
gelernt, ist es, mehr Punkte vorzubringen, als dir
wirklich wichtig sind. Das dient der Verhandlung
und der Findung eines Kompromisses. Wobei
dringlich darauf hingewiesen werden muss, dass
ein Kompromiss nicht immer die beste Lösung ist.

BEISPIEL Sie will einen gelben Teppich und er einen blauen Teppich. Der Kompromiss wäre Grün, denn das ergibt nun mal 50 Prozent Gelb und 50 Prozent Blau. Obwohl dieser Kompromiss, rational betrachtet, der optimale und gleichberechtigtste wäre, wären beide unzufrieden.

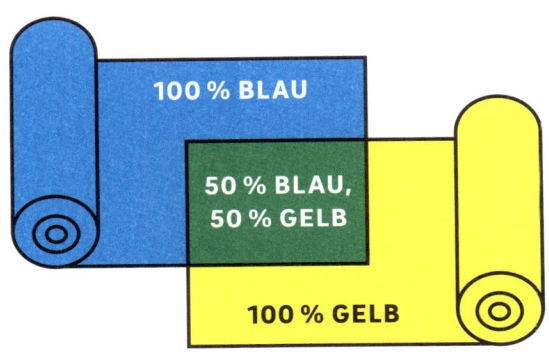

100 % BLAU

50 % BLAU,
50 % GELB

100 % GELB

Goldene Regel

Man muss auch mal den Partner gewinnen lassen.

ICH KOCH DOCH NICHT IN DEN TÖPFEN DEINER EX!!!

Wenn der Mann nun alle Vorschläge der Frau gehört und diese natürlich gelobt hat, ist er an der Reihe. Doch, liebe Männer, wie schon gesagt, macht euch wirklich Gedanken, was euch ehrlich am Herzen liegt. Ist die Farbe der Badezimmervorleger wirklich so wichtig oder die Art der Küchenfronten oder auch die Lampen in den einzelnen Zimmern? Haben wir Männer nicht jahrelang mit einer einfachen Fassung und einer Glühbirne gelebt, und hat uns das jemals gestört? Nein, hat es nicht. Selbst die Art und Farbe des Geschirrs ist irrelevant, auch die Tatsache, dass du doch bereits alles hast und man keine neue Pfannen und Töpfe kaufen muss, hat kein Gewicht auf der weiblichen Argumentationswaage. Ganz im Gegenteil. Solltest du das ins Spiel bringen, kannst du dich auf folgenden Satz gefasst machen: »Ich koch doch nicht in den Töpfen deiner Ex!!!«

Es spielt überhaupt keine Rolle, ob deine Ex jemals gekocht hat oder nicht, alleine die Tatsache, dass sie es hätte tun können, reicht der neuen und hoffentlich letzten Partnerin, mit der wir gemeinsam alt werden, um das ganze Kochgeschirr auszutauschen. Denn die Ex ist das Feindbild Nummer 1. Was natürlich auch dazu führt, dass nicht nur die Töpfe und Pfannen ausgetauscht werden, sondern auch noch andere Dinge.

Es ist unvermeidlich, dass bei einem Zusammenzug zweier erwachsener Menschen einige Sachen doppelt vorzufinden sind. Angefangen von Küchenutensilien über kleine Möbelstücke wie Kommoden, Esstische und Stühle bis hin zum Bett. In der Regel hat jeder Mensch ein eigenes Bett. Für uns Männer ist das nun vor allem mal ein Bett. Der Ort, an dem wir schlafen, abhängen und von Zeit zu Zeit auch fernsehen. Für Frauen ist es eine Oase der Entspannung, der Ort der Glückseligkeit, die Spielwiese der Leidenschaft. Daher ist es selbstredend, dass bei einem Zusammenzug das Bett des Mannes keinen Platz im neuen Liebesnest bekommen wird. Auch wenn das Bett des Mannes ein Boxspringbett der Firma Schramm ist und er über 2000 Euro dafür bezahlt hat und sie ein Bett von IKEA aus den Anfangstagen in ihrer Wohnung stehen hat. Das Erste, was geändert werden muss, ist das Bett.

SIE: »Dein Bett kommt nicht mit. Entweder meins, oder wir kaufen ein neues.«

ER: »Mein Bett ist doch aber qualitativ viel besser und relativ neu.«

SIE: »Das ist mir egal.«

ER: »Du hast doch aber selbst gesagt, dass du super darauf schlafen kannst.«

SIE: »Ja früher.«

ER: »Wie früher?«

SIE: »Früher, als es noch in deiner Wohnung stand, war es ja okay.«

ER: »Und was hat sich da jetzt geändert?«

SIE: »Jetzt ziehen wir zusammen.«

ER: »Das ist doch auch schön, da freu ich mich sehr drauf, aber was hat das mit dem Bett zu tun?«

Jetzt kommt etwas, was wir Männer so gar nicht auf dem Schirm haben. Solange sie noch in »deiner« Wohnung übernachtet, ist es okay, doch jetzt geht es nicht um »deine« oder »ihre« Wohnung, sondern jetzt geht es um **EURE** Wohnung. Psychologisch ist das ein klassischer Neuanfang. Der Anfang einer ewig andauernden Liebe. Der Beginn einer niemals endenden Reise. Der Start des gemeinsamen Altwerdens. Diesen Anfang möchte die Frau perfekt und rein haben. Da aber das alte Bett nicht »rein« ist, muss es eliminiert werden.

SIE: »In dem Bett hast du auch mit deiner Ex gepennt.«

ACHTUNG:

Jetzt gibt es zwei Möglichkeiten. Die richtige und die falsche.

Richtig	Falsch

»Ich verstehe dich total, ich möchte auch komplett neu anfangen mit dir. Was hältst du davon, wenn wir eine neue Matratze kaufen. Das Untergestell ist doch super für eine Prinzessin wie dich.«

»Nicht nur mit der.«

↓

»Aber du warst besser.«

↓

»Wenn wir alles wegwerfen, wo ich mit ihr Sex hatte, dann können wir meine Küche auch nicht mitnehmen und den großen Tisch und die Kommode, und ich muss ein neues Auto kaufen.«

Solltest du jetzt ein Wasserbett haben, könntest du fragen, ob das Austauschen des Wassers reichen würde. Man könnte auch noch einen Schuss Glasrein dazugeben, dann wäre es perfekt. Wir dürfen eins niemals vergessen: Was für den Mann irrelevant ist, kann für die Frau elementar sein. Wir sind nun einmal unterschiedlich, und das ist auch gut so:

Goldene Regel

Ich bin ich, und du bist du.

Aus einer Studie geht Folgendes hervor.

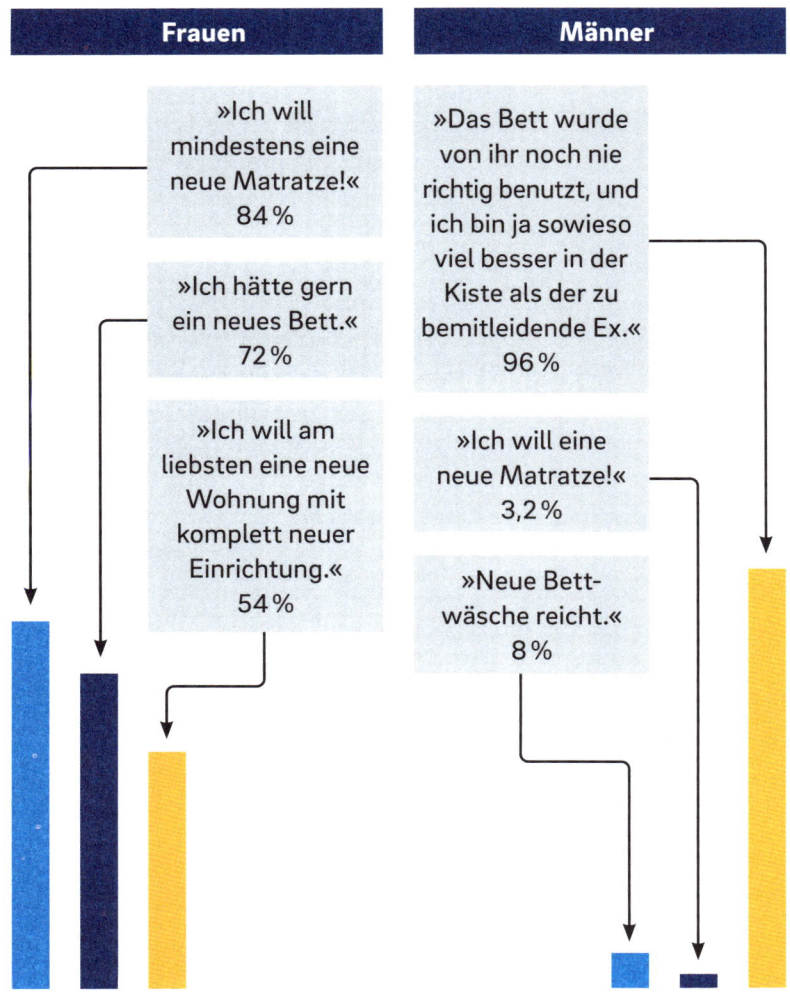

Doch wie ihr bestimmt erahnen könnt, bleibt es nicht nur beim Bett. Es geht um ziemlich viele Sachen, wenn man zusammenzieht.

Lass uns doch zusammenziehen!

Es gibt nur drei Wege in einer Beziehung, was das Zusammenziehen betrifft.

- Er zieht zu ihr.
- Sie zieht zu ihm.
- Sie ziehen in einer neuen Wohnung zusammen.

Die günstigste Variante wird unter dem Strich eine neue Wohnung sein, denn **SEINE** vorhandene Wohrung wird step by step von ihr umgebaut und neu eingerichtet. Wobei auch das Renovieren und Einrichten einer Wohnung viel Spaß und Freude bereiten kann, ihr zumindest. Ich denke aber, wir sind uns einig, dass eine neue Wohnung langfristig das Beste sein wird. Gehen wir mal die drei oben genannten Möglichkeiten durch.

ER ZIEHT ZU IHR

Am Anfang ist es noch total schön. Sie freut sich, wenn sie nach Hause kommt, dass jemand da ist. Sie findet es total schön, wenn im Bad seine Zahnbürste und sein Rasierer stehen, da es ihr endlich das Gefühl gibt, dass hier jetzt ein Mann mit im Haus wohnt. Und über die obenstehende Klobrille wird hinweggesehen. Selbst die Socken, die im Schlafzimmer einfach neben dem Bett auf dem Boden liegen, sind okay und männlich, doch das kippt relativ bald. Denn wir dürfen nicht vergessen: Es ist **IHRE** Wohnung. Sie hat sie eingerichtet. Sie hat darin gewohnt, und zwar in einer nahezu perfekten Ordnung. Doch plötzlich ist alles anders. Bartstoppeln liegen im Waschbecken. Es kann doch nicht so schwer sein, diese zu entfernen, geht ihr durch den Kopf. Warum kann er nicht wie alle anderen vernünftigen Menschen im Sitzen pinkeln, wird sie denken. Man kann doch die Socken, wenn man sie auszieht, direkt in die Wäsche packen.

Auch dafür gibt es eine psychologische Erklärung. Und die liegt in dem Spruch: »My home is my castle«. Und da kommt plötzlich ein Fremder, ja ein Fremder, denn der neue Partner ist noch nicht so lange in ihrem Alltagsgeschehen, dass sie ihn vollends akzeptiert hätte. Ganz nach dem Motto: Da kommt der hier in meine Wohnung und benimmt sich wie die Axt im Walde. Doch kommen wir zur zweiten Möglichkeit.

SIE ZIEHT ZU IHM

Auch hier sieht es langfristig nicht besser aus. Sie zieht in sein Männerreich. In der Wohnung hängen Filmplakate von »Top Gun« und »Der Pate, Teil 3«, im Bad gibt es keine Vorrichtung für eine Ersatzklorolle, und im Wohnzimmer auf dem Regal stehen Figuren von so einem komischen schwarzen Mann mit eigenartiger Vollmaske (Darth Vader) und einem kleinem grünen Mann (Meister Yoda). Das alles ist aber am Anfang noch kein Problem für sie. Sie zieht ein, bringt ihre Sachen mit, und zack hast du im Wohnzimmer eine Wasserschale mit Schwimmkerzen. Im Bad stehen Duftkerzen, die nach ayurvedischer Vanille riechen, und aus deinen Filmplakaten wurden lustige Fotorahmen in Herzform, in denen ganz viele Bilder von euch, von ihr und von der Schwiegermutter zu finden sind. Was nun geschieht, ist vorprogrammiert. Es kommt zum Streit, und der Mann fängt ab einem gewissen Punkt an, unsachlich zu werden, um sein Revier zu verteidigen.

ER: »...das ist **MEINE WOHNUNG**, ich wohne hier seit Jahren, am Anfang hat es dir doch genau so gefallen. Du fandest meine Wohnung cool, so verspielt und trotzdem männlich. Das waren meine Filmplakate, die sind total selten, und jetzt hängen hier so bescheuerte Bilder, auf einem ist sogar deine Mutter zu sehen.«

Jetzt wird es spannend. Man kann als Mann eine ganze Menge sagen, doch sobald die Mutter ins Spiel kommt, hast du verloren. Langfristig wird also auch das Zusammenwohnen in seiner Wohnung dazu führen, dass die Frau sich nicht wirklich heimisch fühlt, und es kommt zur Trennung, was sehr schade wäre. Denn wir dürfen alle eines nicht vergessen.

Die Neue hat nur einen anderen Namen und eventuell eine andere Haarfarbe, die Probleme bleiben aber dieselben.

SIE ZIEHEN IN EINER NEUEN WOHNUNG ZUSAMMEN

Jeder Umzug ist stressig, doch ein Verschmelzen zweier Haushalte gleicht einer logistischen Meisterleistung. Unzählige Fragen türmen sich auf.

- Was passiert mit dem überflüssigen Kram?
- Soll ich es direkt auf dem Flohmarkt verkaufen oder bei eBay reinstellen?

- Was passiert, wenn es doch nicht klappt und wir uns trennen?
- Was ist dann mit den Sachen, die ich verkauft habe?
- Gibt es eventuell eine Zwischenlösung?

Also eins kann ich aus Erfahrung sagen, eine Zwischenlösung ist das Schlechteste, was man machen kann. Egal, ob er oder sie. Wenn man zusammenzieht, gibt es immer ein Restrisiko, aber wie heißt es schon seit Jahren? No risk, no fun.

Beim **BESTECK** oder beim **GESCHIRR** ist es ja erst mal nicht so schlimm. Das kann man in der Tat einfach zusammenwerfen. Doch bei den **MÖBELN** wird es schon schwieriger, zumal wir da wieder das Problem haben, hat die Ex auf dem Sofa oder an dem Tisch gesessen?

Richtet euch einfach neu ein, es muss ja nicht gleich das Designersofa sein. Denn Frauen möchten das Gefühl von Gemeinsamkeit haben, und wir dürfen eins nicht vergessen: Das Gefühl von Gemeinsamkeit baut einen Zusammenhalt auf, der unbezahlbar ist. Notfalls musst du halt dein Motorrad verkaufen, um ein gemeinsames Sofa plus Essecke und Thermomix zu kaufen. Denn eins ist ganz klar: Ein Motorrad kann man sich immer wieder neu kaufen, eine Beziehung, die gescheitert ist, kostet unterm Strich ein Vielfaches mehr.

Nachdem ihr also eine Wohnung gefunden habt und diese auch zum großen Teil eingerichtet ist, zumindest was die Möbel betrifft, geht es nun um die Details. Gardinen, Handtücher, Wandgestaltung und Dekokram, von mir liebevoll **»ZEUCHS«** genannt.

Nehmen wir mal als Beispiel eine Vierzimmerwohnung mit Küche, Bad und Gäste-WC. Ein Zimmer ist das Schlafzimmer, eins

das Wohnzimmer, eins das Büro und eins als eventuelles Kinderzimmer, obwohl noch gar keine Kinder unterwegs sind, aber wer
weiß, was kommt.

Beim **SCHLAFZIMMER** ist es klar, es wird mindestens eine neue
Matratze gekauft, die Wandfarbe ist ein freundliches Organic
Caribbean Green, und die Möbel sind passend zum Bett bestellt
worden. Diverse kleine Lampen aus Salzkristallen geben dem
Raum ein angenehmes Klima. Da hast du als Mann wenig Mit-
spracherecht, was aber überhaupt nicht schlimm ist, da wir Männer dort eh nur pennen.

Der Kleiderschrank, der im Schlafzimmer steht, wurde gerecht
aufgeteilt. Sprich 70 % für sie und 30 % für ihn.

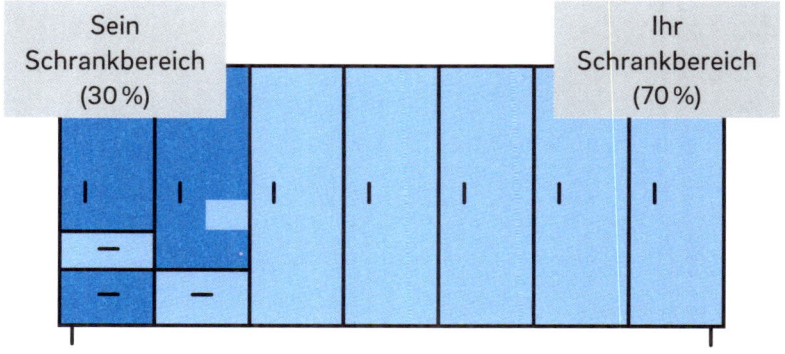

Sein
Schrankbereich
(30 %)

Ihr
Schrankbereich
(70 %)

Diese feminin gerechte Aufteilung erklären die weiblichen Wesen
gerne mit Sätzen wie: »Ihr Männer braucht ja nicht so viele Sachen, ihr habt es da viel einfacher als wir!« oder »Was soll ich
denn machen, ich hab halt mehr Klamotten als du, dafür kann ich
doch nichts!«

Frauen können wirklich nichts dafür. Der Grundstein für das Shoppen und Kaufen vieler Klamotten liegt psychologisch betrachtet bei uns Männern. Dazu komme ch aber in diesem Buch noch. Man spricht vom Prinzessinnenphänomen.

Nachdem also das Schlafzimmer eingerichtet ist, geht es ins **WOHNZIMMER**. Das Zimmer mit dem größten Streitpotenzial. Er will am liebsten einen 100-Zoll-Fernseher, sie aber ein Designer-Highboard, früher auch Kommode genannt. Der Mann möchte gern zwei getrennte Sofas, während sie eine Ecklösung haben möchte, damit sie sich beim Schauen eines Liebesfilmes auch mal an ihn rankuscheln kann. Im Übrigen genau der Grund, warum der Mann gern zwei getrennte Sofas haben möchte ☺. Der Wohnzimmertisch muss bei einer Frau schick und niedrig sein, denn dieser dient überwiegend zum Beherbergen von Dekoartikeln, während der Mann lieber einen Wohnzimmertisch haben möchte, unter den zumindest die Beine passen, damit er beim Fernsehen seine Pizza am Tisch essen kann. Das Wohnzimmer bleibt nun mal eine Herausforderung und stellt die Beziehung auf die Probe. Am besten man einigt sich vernünftig.

Gib dem Mann seinen 100–Zoll–Fernseher, und man bekommt als Frau, was man will. Selbst das Ecksofa wird kein Thema mehr sein, sobald der Fernseher dort steht.

Das ist ganz wichtig. Als Erstes muss der Fernseher gekauft und vor allem aufgebaut und angeschlossen werden. Danach ist der Mann wie hypnotisiert. Wenn man jetzt als Frau auch noch wartet, bis »Expendables« läuft oder man auf Blu-Ray einen alten »James Bond« einlegt, bekommt man alles, was man haben will.

Die Wohnung ist fast fertig, da kommen wir unausweichlich auf ein Phänomen, das sicher jeder, aber auch wirklich jeder, der schon mal mit seinem Partner zusammengezogen ist, beobachtet hat. Viele wussten nicht, warum das so ist, und vor allem dachten sie immer, also die Männer, sie wären damit völlig alleine. Dem ist nicht so. Ich meine das **»NA-JA-ICH-WOLLTE-ES-JA-EIGENT-LICH-ANDERS-ABER-JETZT-IST-ES-HALT-SO-PHÄNO-MEN«**.

Wir Männer sind mit vielen Dingen einverstanden, aber bei den Farben ist es halt schon ab und zu so, dass wir anderer Meinung sind. Selbst wenn wir es nicht wirklich sind, müssen wir Männer auch mal einfach dagegen sein, wir sind schließlich Männer, und die Frauen wollen Männer und keine Luftpumpen. Zumal wir nicht vergessen dürfen, dass die Frauen uns genau deswegen so lieben gelernt haben, weil wir Männer sind und in der Regel wissen, was wir wollen, und uns auch durchsetzen können. Also ab und zu mal dominant sein, hat noch keiner Beziehung geschadet. Ich sage nur »Fifty Shades of Grey«.

Sollte nun also der Fall eintreten, dass sie unbedingt Gardinen in Mocca, Espresso oder Latte macchiato haben möchte, sprich Dunkelbraun, Braun oder Kackbraun, der Mann aber eher ein freundliches Steingrau oder dunkles Marine bevorzugt, kommt es zu einem Konflikt.

WEISHEIT:
Ein Konflikt ist auch immer eine Chance.
Auch ein Streit ist nicht wirklich schlimm,
solange man die Basis, sprich die Grundsäulen
der Beziehung, nicht angreift, sondern bei der
Sache bleibt. Schon unsere Großeltern haben
gesagt, Gewitter reinigt die Luft.

Setzt der Mann sich jetzt durch, und es hängen am Ende Gardinen in einem dunklen Marineblau an den Fenstern, wird es keinen
Rundgang mit Freunden geben, denen man ganz stolz die neue
Wohnung präsentieren möchte, bei dem nicht explizit darauf hingewiesen wird, dass die Gardinen im Wohnzimmer nicht diese
sind, die sie gerne gehabt hätte.
Es folgen Sätze wie: »Das ist unser Schlafzimmer, total schön,
auch die Farben an der Wand und vor allem der Schrank, gut wir
haben neue Matratzen gekauft, ich schlaf ja nicht dadrauf, wo
die Ex gepennt hat, ... und hier ist ein Kinderzimmer, das nutze ich
›erst mal‹ als Ankleidezimmer, bis wir Kinder haben, ... und hier
haben ›wir‹ uns ein Ecksofa hingestellt, gut, ich hätte gerne die

Gardinen in Mocca gehabt, aber er wollte unbedingt so ein komisches Blau. Na ja, ich wollte es ja eigentlich anders, aber jetzt ist es halt so.«

Während wir Männer einen Rundgang eher spartanisch abhalten. »Hier ist das Schlafzimmer, da die Küche und da das Wohnzimmer, … alles da!« Die Freunde stehen zustimmend nickend neben einem und sagen, wie geil der große Fernseher ist. Nachdem dann der ganze Abend miteinander verbracht wurde, geht es ans Verabschieden. Wenn wir Männer dann unsere Freunde fragen: »Und, wie findest du meine Gardinen?«, kommt als Antwort: »Welche Gardinen?«

Nachdem das Wohnzimmer eingerichtet ist, folgt die **KÜCHE**. Das geht in der Regel ganz schnell. Der Mann nickt alles ab und hat keine Probleme mit Form und Farbe. Warum auch, ist ja nicht sein Zimmer. Sein **BÜRO** kann er nahezu selbständig einrichten, solange Familienfotos auf dem Schreibtisch stehen. Nachdem nun alles eingerichtet ist, die Deko steht und die Duftkerzen einem den Atem nehmen, fängt das Ausbreiten an. Ganz still und heimlich, kaum spürbar.

Am Anfang sind Schränke und Fächer noch nahezu halbe-halbe aufgeteilt. Während du am Anfang im Badezimmerschrank noch vier von zehn Fächern belegst, wird es von Monat zu Monat immer weniger. Erst sind es nur noch drei Fächer, mit dem Argument von ihr, dass sie ja auch viel mehr Pflegeprodukte benötigt, um für **DICH** schön auszusehen.
Aus drei Fächern im Badezimmer werden dann unbemerkt zwei und dann ein Fach. Ganz zum Schluss, nach ungefähr einem Jahr, schraubt man sich dann als Mann ein Brettchen an die Wand, auf dem der Kulturbeutel steht, denn das ist das Einzige, was

du als Mann noch hast. Schaut man dann in den Badezimmer-
schrank, wird man Unmengen von Shampoo und Conditioner
finden. Melonenshampoo, Mandelshampoo mit Honig und Milch,
Grüner-Tee-Spülung und Pumpkin-spice-Late-Conditioner. Wir
Männer haben eine Zahnbürste und ein Duschgel, das war's. Egal,
Hauptsache, der Fernseher hängt.

Anmerkung:
Frauen machen sich ausschließlich für den Partner hübsch. Sagt
meine Freundin heute noch, wenn sie zum Nägelmachen geht
oder eine Stunde Kosmetik genießt. Frauen machen das nur für
die Männer, um ihnen zu gefallen. Da frage ich mich oft, wie liefen sie denn vorher rum? Abgekaute Nägel und die Augenbrauen
oben zusammengewachsen??? ☺

Goldene Regel

Happy man, then you get what you can.

6.

Der Joker
des Mannes

Wir sprachen ja gerade von einigen Problemen oder besser gesagt »Aufgaben«, die du als Mann lösen musst. Denn wie heißt es noch mal in all diesen Büchern von Rhetorikgöttern und Motivationstrainern? Es gibt keine Probleme, es gibt nur Aufgaben, die man lösen muss. Darum gibt es rational gar keinen Grund, sich über Probleme, sprich Aufgaben aufzuregen. Denn es gibt nur zwei Arten von Aufgaben. Die einen, die man lösen kann, und die anderen, die unlösbar sind. Die lösbaren Aufgaben muss man einfach lösen, die unlösbaren Probleme kann man nicht lösen, sonst hießen sie nicht so. Über die muss ich mich also auch nicht aufregen.

Eine unlösbare Aufgabe ist und bleibt die Frage, warum sich Männer und Frauen einfach nicht verstehen. Wie schon gesagt, sind wir total unterschiedlich. Ich erinnere gern an eine meiner goldenen Regeln für eine glückliche Beziehung: Ich bin ich, und du bist du!

Männer können Frauen nicht verstehen, weil sie keine Frauen sind, und Frauen können Männer nicht verstehen, weil sie keine Männer sind.

Das ist und bleibt so, und vor allem ist es auch gut so. Denn genau dieser Zustand macht eine Beziehung so aufregend. Teilweise ist es auch nicht so schwer, wenn man weiß, welche **JOKER** man hat und wie man diese einsetzt.

Manchmal scheint eine Aufgabe unlösbar zu sein, ohne einen Kollateralschaden zu verursachen, obwohl es dafür natürlich eine Lösung gibt, ohne gleich alles kaputt zu machen. Wie sage ich ihr zum Beispiel, dass das Kleid, das sie gerade gekauft hat, einen fetten Arsch macht? Haben wir uns doch am Anfang unserer Beziehung geschworen, immer die Wahrheit zu sagen. Ist jetzt der richtige Zeitpunkt, die Wahrheit zu sagen? Nein, ist es nicht. Also, natürlich kannst du diese Wahrheit unter Berufung auf euren Schwur rausposaunen, aber danach ist es egal, wie du das Kleid findest, denn dann hast du ganz andere Probleme. Das ist aber nur ein Beispiel. Es gibt Parfüm, das der Mann einfach nicht riechen kann, ein Lied, das der Mann echt scheiße findet, oder einen Namen, den die Frau für das zukünftige Kind ausgesucht hat, den der Mann abgrundtief kacke findet. Wie bekomme ich es hin, die Situation in meinem Sinn zu ändern? Ich muss an den Ursprung. Das heißt, dass ich erst mal alles lobe und toll finde. Denn ich habe in den letzten Jahren gelernt, dass man mit Frauen viel besser reden kann, solange in ihrem Körper ein Überschuss an Glückshormonen wie zum Beispiel Dopamin herrscht und sie gut gelaunt sind.

Also ist meine Aufgabe als Mann, meine Frau glücklich zu machen. Das kann man mit **KLEINEN GESCHENKEN** tun – und da rede ich nicht von teurem Schmuck oder einer Reise auf die Malediven, sondern eher von einer Kleinigkeit. Auch hier kommt es, wie bei allen Dingen eine Frau betreffend, auf die Verpackung an. Wie verpacke ich das Geschenk? Mit Verpackung meine ich jetzt nicht zwingend das Geschenkpapier, sondern eher die Story drum rum. Die ist oftmals viel wertvoller.

WAHRE JESCHICHTE

Als ich mit meiner Freundin vor vielen, vielen Jahren, damals, es ist lange, lange her, zusammenkam, sagt sie mir nicht nur, dass sie mich über alles liebe, dass ich ein echt toller Mann bin und extrem gut aussehe – ich merke ich schweife ab –, sondern wir sprachen auch über die Vergangenheit, Gegenwart und natürlich unsere Zukunft. Wobei man sagen muss, dass für Frauen die Zukunft mitunter das Wichtigste ist. Es mag albern und altmodisch klingen, aber Frauen lieben es immer noch, wenn man als Mann ein gewisses Maß an Sicherheit und Geborgenheit verkörpert und ihr dieses entgegenbringt. Doch bevor wir über die Zukunft sprachen, behandelten wir die Vergangenheit. Das Reden über die Vergangenheit ist ein schwieriger Drahtseilakt. An diesem Punkt kann man echt viel kaputt machen. Ein Mann darf niemals vergessen, dass Frauen sich alles, aber auch wirklich alles merken. Das kann ich nicht oft genug erwähnen. Daher ein Tipp von mir.

Die Vergangenheit heißt Vergangenheit, weil sie vergangen ist. Sprich – nicht mehr zu ändern. Es ist daher nicht so geschickt, über die Expartnerin zu sprechen und ob sie hübsch, toll oder sexuell besonders aktiv war. Das Beste, was man als Mann zum Thema Exfreundin sagen kann, ist: »Ich war mein Leben lang auf der Suche nach der großen Liebe, hatte kurzfristig gedacht, ich habe sie gefunden, bis ich dich getroffen habe. Ich habe dich gesehen, und in dieser Sekunde war mir klar, dass ich angekommen bin.« Wenn du das sagst, ist das Thema Vergangenheit plötzlich Vergangenheit. Wie schon gesagt, die Verpackung macht's.

Zurück zur Jeschichte: Wir sprachen kurz über die Gegenwart und wendeten uns dann relativ schnell der Zukunft zu. Dass Frauen treu sind! Dass sie es ernst meint und keine Frau für eine Nacht wäre und wie sie sich das mit uns alles so vorstellt. Wie offen sie ist, überhaupt nicht eifersüchtig und natürlich versteht, wenn Männer ihren Freiraum brauchen. Na ja, eben alles, was man so sagt, wenn man frisch verliebt ist. Doch kurz bevor ich dachte, der Abend sei beendet und wir gingen jetzt zu mir nach Hause, sprang sie wieder in die Vergangenheit, und zwar in die zukunftsändernde Vergangenheit. Diese Zeit gibt es nur bei den Frauen. Wir Männer kennen nur die drei Zeiten: **VERGANGENHEIT**, **GEGENWART** und **ZUKUNFT**. Bei Frauen gibt es zusätzlich noch die **ZUKUNFTSÄNDERNDE VERGANGENHEIT**, die

VERGANGENE ZUKUNFT und die **ZUKUNFTSVERGANGENE GEGENWART.**

DIE DREI EXTRA ZEITFORMEN DER FRAU

DIE ZUKUNFTSVERGANGENE GEGENWART

Das ist die Zeit, in der die Frau Informationen preisgibt, damit in der Gegenwart etwas unternommen wird, um dann in der Zukunft einen emotionalen Höhepunkt zu erleben, während man von der Vergangenheit redet.

BEISPIEL Sie sagt dir im Sommer (Gegenwart), dass sie gerne zu Weihnachten (Zukunft) ein bestimmtes Geschenk haben will, damit sie es dann zu Weihnachten auspacken kann und ihr dann darüber reden könnt, dass sie es sich ja schon im Sommer (Vergangenheit) gewünscht hat. Sehr kompliziert, aber ich habe nicht gesagt, dass Frauen einfach sind.

Es kommt immer wieder vor, dass man mit seiner Freundin im Hochsommer einen Schaufensterbummel macht, sie plötzlich stehen bleibt und sagt: »Oh, das Armband ist aber schön!« Woher soll ich als Mann denn jetzt wissen, dass sie dieses Armband gerne zu Weihnachten geschenkt bekommen möchte? Wir haben 35 Grad, mir läuft der Saft in die Kimme, und ich atme schwer. Sie sagt: »Oh, ist das Armband schön!« Du als Mann stehst neben dran und antwortest: »Aha, schön!« – ohne allerdings wirklich hingeschaut zu haben. Doch anders, als ich in dieser Situation dachte, handelt es sich nicht einfach nur um die Info, dass sie es schön findet, sondern es ist eine regelrechte Bestellung. Ganz nach dem Motto: Das Armband finde ich schön, ist ja bald Weihnachten, kannst du ja jetzt schon mal kaufen. Ungeachtet dessen, dass es noch gut sechs Montate hin sind bis zum Weihnachtsfest und Männer bei 53 Grad im Schatten und kurzfristiger Dehydrierung an etwas anders denken als an ein Weihnachtsgeschenk. Doch genau hier liegt das Problem. Denn eins steht nun mal fest: Jedes Jahr am 24. Dezember ist Weihnachten. Sie wird an diesem Tag ein Geschenk auspacken, das nicht das Armband ist, wird sich höflich freuen und sich denken, schade, habe mich so auf das Armband gefreut. Je später es wird, desto lockerer wird die Gesellschaft, und es dauert keine Ewigkeit, bis sie es ansprechen wird.

SIE: »Schönes Geschenk, das Abo von Sky.«
ER: »Finde ich auch.«
SIE: »Wie bist du denn auf diese tolle Idee gekommen?«
ER: »Ich habe lange überlegt, du sagst ja nie was, darum dachte ich, da haben wir beide was von.«
SIE: »Ich habe dir so viele Hinweise gegeben.«
ER: »Echt, wann?«

Jetzt fliegt es dem Mann um die Ohren. Frauen sind klar im Vorteil. Erstens vergessen sie nichts, und zweitens haben sie sich die ganze Zeit auf das Armband gefreut. Es war daher aktiv in ihren Gedanken präsent.

SIE: »Kannst du dich noch an den 22. Juni erinnern?«
ER: »Der 22. Juni, dieses Jahr?«
SIE: »Ja, es muss so gegen 12.36 Uhr gewesen sein.«
ER: »Okay.«

SIE: »Weißt du nicht mehr? Wir liefen beim Juwelier Gellert vorbei.«

ER: »Jaaaa, stimmt.« (Das ist gelogen und in dieser Situation erlaubt, es ist Weihnachten!)

SIE: »Da habe ich dir doch das Armband gezeigt, das fand ich schön!«

HAPPYMETER
(Stimmung in der Beziehung)

Horror   Happy

Die einzige Chance, die du jetzt als Mann hast, ist Reue und ein emotionales Geständnis. Der perfekte Satz wäre der folgende:

Joker 1:
»Schatz, du hast recht, du hast es mir gesagt!
Aber sei mir nicht böse, ich finde dich immer noch so hübsch wie am ersten Tag, daher war ich mit meinem Kopf woanders.«

DIE VERGANGENE ZUKUNFT

Das ist die Zeit, die quasi die Zukunft automatisch zur Vergangenheit macht. Sätze, die eine Frau nicht hören will. Jetzt muss man allerdings unterscheiden, dass manche Sätze anders gehört werden, als sie eigentlich gesagt oder zumindest gemeint wurden. Ganz gefährlich für diese Zeit ist die Kommunikation über digitale Medien, SMS, WhatsApp oder E-Mail. Wir dürfen nicht vergessen, dass Texte, die man geschrieben hat, niemals eine Betonung haben. Alleine die Aussage »mach doch« kann nicht nur viele Ursachen haben, sondern vor allem auch Auswirkungen. Man kann mit der Aussage »mach doch« meinen, dass man echt gut findet, was die bessere Hälfte so vorhat. Eine Art Liebesbeweis und Bestätigung ihres Planes. Es kann aber auch genau falsch verstanden werden. Wichtig bei der Kommunikation ist immer auch der Empfänger. Es ist relativ egal, wie man etwas gemeint hat, wenn es beim Gegenüber nicht so ankommt. Bevor man also sagt, dass der andere einen nicht verstanden hat, sollte man überprüfen, ob man sich auch richtig ausgedrückt hat. Für die richtige Wahrnehmung ist aber die Betonung zum Teil sehr wichtig.

SIE: »Ich glaube, ich bewerbe mich für einen besseren Posten.«
ER: »Mach doch.«

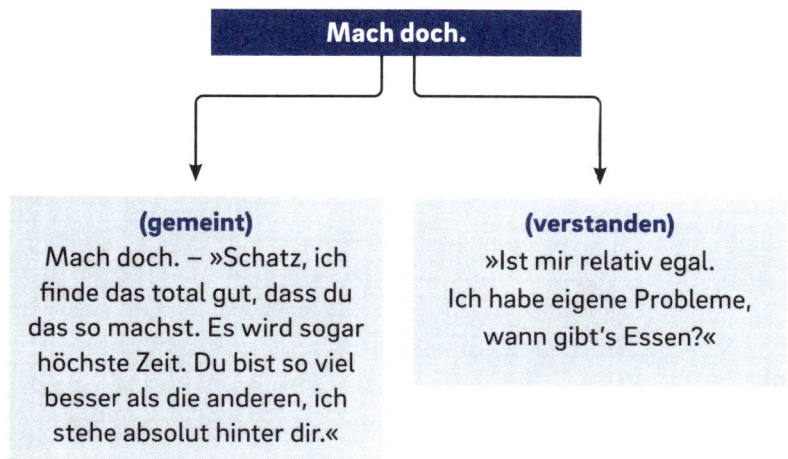

Auch das Vervollständigen eines Satzes oder das Weglassen von Wörtern kann die Zukunft erheblich beeinflussen.

Der Satz »Schatz, du bist für mich die Luft zum Atmen!« hat eine andere Bedeutung als der Satz: »Schatz, du bist Luft für mich!« Der letzte Satz könnte den Mann in die vergangene Zukunft katapultieren.

DIE ZUKUNFTSÄNDERNDE VERGANGENHEIT

Die zukunftsändernde Vergangenheit ist die Zeit, in der man sich befindet, wenn die Vergangenheit maßgeblich an der Zukunft beteiligt ist. Sprich, man hat in der Vergangenheit etwas gemacht, was die Zukunft so positiv verändert, dass man immer wieder darauf zurückkommt. Oder man tut etwas, was in der Vergangenheit versäumt wurde, um die Zukunft positiv für sich zu verändern. Auch sehr kompliziert, ich versuche aber, es anhand eines Beispiels zu erklären.

WAHRE JESCHICHTE

Wir sind mal wieder beim Thema Verpackung. Emotional sowie materiell. Wir erinnern uns: Ich saß mit meiner Freundin vor langer, langer Zeit zusammen, als sie mir sagte, was für ein geiler Typ ich bin. Du kannst dich bestimmt erinnern, ist nur einige Seiten her. Ich saß also mit ihr zusammen, wir redeten über die Vergangenheit und all die anderen Zeiten, als ich mich schlagartig in der zukunftsverändernden Vergangenheit wiederfand. Sie erzählte mir, dass sie in der Vergangenheit noch nie einen Ring geschenkt bekommen hätte, von keinem ihrer bisherigen Freunde, und dass es für sie nicht nur das Größte, sondern auch etwas ganz Besonderes wäre und unvergesslich bleiben würde. Ich wusste sofort, was zu tun war. Man darf jetzt aber nicht gleich am nächsten Tag losrennen, einen Ring kaufen und ihr diesen am Abend schenken. Das wiederum finden Frauen nicht so sexy.

Warum? Frag mich nicht.

Ich wartete also ab, bis wir im Sommer unseren ersten Urlaub hatten. Es war ein perfekter Tag. Die Sonne schien, ein leichter Wind berührte unsere Haut. Der Geruch von Rosmarin und Lavendel tanzte um uns herum, während ganz leise das Rauschen des Meers zu hören war. Ich kreierte meiner wunderhübschen und engelsgleichen besseren Hälfte einen unvergesslichen Drink. Ein Getränk aus frisch gepressten und zuvor per Hand gepflückten Limetten und Orangen, gepaart mit Minze und einem Zweig Rosmarin. Das Ganze habe ich dann mit einem Schuss Gin und einem Spritzer Champagner verfeinert und zum Schluss mit einem Mix aus kaltem grünen Tee und Mineralwasser aufgegossen. Doch um dieses Getränk so zu perfektionieren, wie es meine Freundin verdient hat (ich muss so schreiben, sie liest das Buch doch auch), bedurfte es noch etwas Deko am Glasrand.
Ich fuhr also schnell in den nahe gelegenen Supermarkt, kaufte Früchte und dekorative Elemente. Als ich dann an der Kasse stand, sah ich einen Ständer mit Modeschmuck. Ich griff in den Ständer, nahm einen Ring heraus, dessen Größe ich nur geschätzt hatte, bezahlte die 4,99 € für diesen Ring plus Obst und fuhr zurück zum Haus. Als ich dann das Getränk vollendet hatte, gab ich ihr diesen Ring. Einen Ring, der seinesgleichen sucht! Ich glaube, er bestand zu wenigen Teilen aus Silber, der Rest war Nickel und noch anderes Zeug, was dazu führte, dass sie einen Ausschlag am Finger bekam. Der Stein war aber echt Kunststoff, da kann man nicht meckern.
Es vergingen zwei Jahre, als ich gemeinsam mit meiner Freundin und einer gemeinsamen Bekannten in einem noblen Restaurant zu Abend aß. Zur Vorspeise hielt diese besagte Bekannte demonstrativ ihre Hand nach oben und wackelte mit dem Ringfinger. Ein gefühlt 10-Karäter-Diamantring zog ihre Hand aufgrund der Erd-

anziehung immer wieder Richtung Boden. Sie hatte sich verlobt. Ihr zukünftiger Ehemann hat diesen Ring extra für sie gekauft. Er würde schließlich sehr viel Geld verdienen, und daher wäre dieser große Ring das Mindeste. Sie will ja nicht meckern, der wäre schon sehr schön, aber zur Hochzeit, ja, da bekäme sie dann einen richtig großen Ring.

In dieser Situation ging mir immer und immer wieder durch den Kopf, wie viel mein Ring gekostet hatte und dass meine Freundin ihn immer nur fünf Minuten am Tag tragen könnte, da sonst ihr Finger zu jucken anfing. Als wir kurz alleine waren, fragte ich sie, ob sie auch so einen tollen Ring haben möchte. Sie sagte, dass sie bereits einen viel tolleren hätte, denn Geld ausgeben kann ja jeder, der es hat, aber im Supermarkt einer Ring zu kaufen, der so vollgepackt mit Schwermetallen ist, dass der Körper innerhalb von Sekunden zu britzeln anfängt, das können nur wenige, und ich wäre schließlich der Erste gewesen, der ihr überhaupt einen Ring geschenkt hat, das sei unbezahlbar. Das meine ich mit der richtigen Verpackung.

Es ist nicht immer wichtig, große und teure Geschenke zu machen, sondern einmal gut zuzuhören. Dann hat man die Chance auf eine elementare Veränderung.

Wenn du darauf achtest, ist die Frau voller Glückshormone und du kannst als Mann etwas benennen, was dich elementar stört, ohne dass du sie verletzt oder kränkst. Wie zum Beispiel das Parfüm, das du nicht magst, das Lied oder den Kindernamen, den ich total bescheuert finde. Wie sage ich das, ohne sie zu verletzten?

Ganz einfach, mit der richtigen Verpackung. Hier drei Beispiele:

1. Sie/Er benutzt ein Parfüm, das man selbst überhaupt nicht riechen mag.

FALSCH: »Das Parfüm stinkt total nach alte Frau.«

Wenn sie das Parfüm nun von ihrer Mutter oder Großmutter bekommen hat, hast du erneut ein Problem. Also wie schon gelernt, immer erst loben!!!

 **Joker 2:**
»Das Parfüm ist echt toll .... es erinnert mich an meine allererste Freundin, die hatte das auch immer!«

Du kannst dir sicher sein, dass sie es nicht mehr benutzt, denn Frauen wollen einzigartig sein.

2. Sie/Er hört einen Song, den du nicht mehr ertragen kannst.

FALSCH: »Das Lied hören nur Blöde, das ist doch keine Musik!«

Vielleicht verbindet sie diesen Song mit einem tollen Erlebnis, oder er hat maßgeblich eine Zeit von ihr geprägt. Also was machen wir Männer? ... Genau, wir loben! Doch jetzt paaren wir das Lob noch mit einem aktuellen Feindbild. In jeder Beziehung gibt es so ein Feindbild, zum Beispiel eine Konkurrentin oder einen Konkurrenten. Nennen wir sie in meinem Beispiel einfach Katja.

 **Joker 3:**
»Geiler Song, den hört Katja auch total gern. Finde ich echt gelungen, geiler Beat und vom Text der Hammer.«

Auch dieser Song rutscht in der Playlist nach unten.

3. Sie hat einen Kindernamen im Kopf, von dem sie nicht abweichen will.

FALSCH: »Kleine, dicke, hässliche Gören heißen so, aber bestimmt nicht mein Kind.«

Auch da sollte man sich sicher sein, ob der Name nicht irgendwo in der Familie bereits vorkommt oder, was noch viel wichtiger ist, vorgekommen ist. Denn Frauen sind emotionaler mit ihrer Familie verbunden als Männer. Da Männer aber leider nicht so gut zuhören können und, selbst wenn sie es tun, sich nicht so viel merken, könnte es sehr naheliegen, dass der vorgeschlagene Name einer aus der Familie ist. Man muss also herausfinden, wie und warum sie auf diesen Namen gekommen ist. Das kann man, indem man Interesse bekundet. Wir haben gelernt, zuerst loben, dann Interesse bekunden.

ER: »O toll, wie kommst du auf den Namen?«

SIE: »Den habe ich mal gehört und fand ihn gut.«

Nun ist die Chance des Mannes gleich viel höher. Gegen eine familiäre Verbindung hast du als Mann keine Chance, und das ist auch gut so. Aber in diesem Fall reicht loben, gepaart mit dem Feindbild plus ein für dich positives Erlebnis. Es greift Joker 4.

Joker 4:
»Ich find den Namen auch schön. Der Neffe/die Nichte (kommt darauf an, was es wird, funktioniert aber mit beiden) von Katja heißt auch so. Süßer Fratz, sieht aus wie die Tante.«

Auch dieser Name ist vom Tisch. Wie schon gesagt ...

Goldene Regel

Einige Aufgaben, die unlösbar erscheinen, sind es dann gar nicht, wenn man die richtige Verpackung nutzt. Das gilt für Mann und Frau.

7.

Wahrheit vs. Wahrnehmung

Bevor jetzt aber der Eindruck entsteht, dass Frauen so wahnsinnig anstrengend sind und Männer dagegen total einfach gestrickt, muss ich ausdrücklich darauf hinweisen, dass Frauen viele Eigenschaften haben, die Männer nie erreichen werden. Frauen hören grundsätzlich besser zu, sie verarbeiten Informationen schneller und sind in der Lage, innerhalb weniger Sekunden zu unterscheiden, was wichtig ist und was nicht, also was für sie wichtig ist und was nicht. Denn wir dürfen nicht vergessen, jeder hat seine eigene Wahrnehmung. Wir müssen einfach akzeptieren, dass die Wahrnehmung nicht immer deckungsgleich mit der Wahrheit ist. Doch was ist wichtiger? Die Wahrheit oder die Wahrnehmung?

Immer wieder kommt es in Beziehungen vor, dass ein Partner geradezu geschäftlich mit dem anderen Partner umgeht. Will sagen, er geht die Sache zu nüchtern und rational an. Doch eine Beziehung ist immer auch emotional. Je enger die Beziehung ist, desto emotionaler wird sie.
Jeder kennt das: Wenn ein Mann keine sexuelle Beziehung mit der Frau eingegangen ist, weil sie nicht wollte oder nicht konnte, geht er anders mit ihr um, als wenn sie schon mal in der Kiste lagen. Gleiches gilt auch für die Frau. Wenn der Mann nur ein Freund, ein Kumpel oder ein Arbeitskollege ist, hat er einen ande-

ren Stellenwert als der eigene Freund oder Ehepartner. Sicherlich nicht in allen Bereichen, aber zumindest in einigen. Einer dieser Bereiche ist der **LERN-** beziehungsweise **SCHULUNGSBEREICH**.

WENN ER ZU INFORMIERT IST ...

Die Frau will abnehmen, und der Ehemann oder Freund denkt sich, ach, ich bin ein guter Partner, ich unterstütze sie. Das allerdings ungefragt, was zu einigen Konflikten führen kann. Er fängt also an, sich zu informieren. Er liest, dass es total wichtig ist, morgens zu frühstücken, und dass Kohlenhydrate morgens okay sind, da das Gehirn, quasi unser Hauptrechner, diese benötigt, um perfekt zu laufen. Abends wiederum sind sie nicht so gut, da der Körper diese nicht verarbeiten kann beziehungsweise will, da die Energie vom Körper im Schlaf nicht abgerufen wird. Kohlenhydrate am Abend machen zwar müde, sind aber nicht gut fürs Gewicht, während Eiweiß zwar gut für die Fettverbrennung ist, leider aber total wach macht. Er hat auch schon mal gehört, dass nicht die Waage das wichtige Tool ist, sondern der Spiegel, denn Muskelmasse ist nun mal schwerer als Fett. Es kann daher sein, dass man weniger Kilo auf der Waage hat, aber trotzdem fetter aussieht. Und sind wir mal ehrlich, wer interessiert sich für das Gewicht? Es geht hier ums Aussehen, die sogenannte Bikinifigur.

Er hat weiter gelesen, dass es gute und schlechte Fette gibt, dass es selbst unterschiedliche Kohlenhydrate und kurz- sowie langkettige Zuckermoleküle gibt, die eine große Rolle spielen. Weißer Zucker sollte vermieden werden, und Traubenzucker ist total tabu. Der jagt den Blutzuckerspiegel nur in die Höhe, und die Bauchspeicheldrüse muss ackern wie ein Weltmeister, um Insulin zu produzieren. Das wiederum führt dazu, dass man in eine

Unterzuckerung gerät und plötzlich wieder extrem Hunger hat, was beim Abnehmen nicht wirklich dienlich ist. Und weil er ein so toller Freund ist, kauft er auch für sie ein und fängt an, ihr all das zu erzählen, was er gelesen und gehört hat. Damit hat er den ersten Konflikt heraufbeschworen.

Goldene Regel

Männer dürfen unter keinen Umständen unter die Räder des abnehmwahnsinns geraten.

Wenn eine Frau sich entschieden hat, einige Kilos zu verlieren, wird sich manches ändern. Gerade der Anfang ist das Schwerste, nicht nur für die Frau, die permanent das Gefühl hat, dass sie verhungert und das Leben so doch keinen Sinn mehr macht, sondern auch für den Mann, der mit ihren Launen leben muss. Auch ihre Launen sind psychologisch ganz einfach zu erklären. Der Körper ist seit Jahren daran gewöhnt, dass ihm Zucker und andere tolle Sachen zugeführt werden, er ist quasi satt.
Das kann man ein bisschen mit den Bankvorständen vergleichen, die wahnsinnig viel Kohle kassieren, die Bank einfach gegen die

Wand fahren lassen, Tausende sparende Bürger um ihr Geld betrügen, dann auch noch Geld von der Regierung bekommen und einfach so weitermachen, als wenn nichts passiert wäre. Denn sind wir mal ehrlich, für diese Leute ist ja auch nichts passiert. Kohle war da, Kohle war weg, Kohle kommt wieder. Unter dem Strich: Kohle wieder da. Wie heißt es so schön: Das Geld ist nicht weg, das hat ein anderer.

Nachdem der Körper also gelernt hat, dass es immer wieder etwas gibt, ist er natürlich irritiert, wenn plötzlich nicht mehr so viel kommt. Das kann man mit allem Möglichen vergleichen. Zum Beispiel mit pubertierenden Kindern. Sie sind es gewohnt, schnelles Internet zu haben, und man hört von ihnen nichts, sie sind wie verschollen. Sie haben sich zurückgezogen in ihre muffige Höhle namens Zimmer, an dessen Tür draußen ein Schild angebracht ist, auf dem steht: »Eltern draußen bleiben« oder »Ich hasse mein Leben«.

Man kann sie rufen oder es seinlassen, doch wenn man das Internet ausstellt, also einen einzigen Parameter verändert, ist Stress. Es dauert keine Sekunde, bis sich der junge Mitbewohner bei seinen Eltern beschwert – und das nicht wirklich nett. Er gerät in Hektik. Er hatte doch jahrelang YouTube und WhatsApp, wie soll er denn ohne Internet weiterleben? Am Ende muss er sich noch mit den Erwachsenen, die zusammen mit ihm eine Wohnung teilen und sich Eltern nennen, unterhalten. Der Körper schüttet ein Stresshormon aus, das dazu führt, dass wir schneller und hektischer werden. Denn es gibt nur zwei Möglichkeiten: Flucht oder Kampf. Da der Jugendliche nicht weiß, wie man ohne Internet und Navi U-Bahn fährt, entscheidet er sich notgedrungen für den Kampf. Der Körper schüttet ein Stresshormon aus, dadurch erhöht sich der Herzschlag, der Blutdruck steigt, der Blutzucker wird erhöht, und schon wird man hektisch und laut.

Genau das passiert auch bei der Frau, die gerne so aussehen will wie die Hungerhaken in den Zeitschriften, ungeachtet dessen, dass diese Mädels in Natura längst nicht so aussehen wie auf den Covern dieser Welt, Photoshop sei Dank. Sie isst also weniger, der Körper wundert sich und gerät in Hektik, er produziert ein Stresshormon, sie entscheidet sich ebenfalls für Kampf, denn Flucht kommt für eine Frau, die über einen so langen Zeitraum die Wohnung liebevoll eingerichtet hat, nicht in Frage. Der Blutdruck steigt, und, was viel wichtiger ist, der Blutzucker steigt auch. Was haben wir gelernt? Genau: Wenn der Blutzucker steigt, reagiert die Bauchspeicheldrüse und produziert Insulin, was dazu führt, dass der Blutzucker gesenkt wird. Man kann also folgende Regel erkennen:

Je mehr sich eine Frau aufregen muss, umso höher ist der Blutzucker, umso mehr Insulin wird produziert, noch mehr Hunger entsteht, und umso mehr wird gegessen.

WICHTIGE ERKENNTNIS:
Je mehr Stress mit dem Mann, desto weniger nimmt sie ab.

Wir Männer sind also schuld. Wieder einmal.
Die Wahrheit ist, dass der Mann sich informiert hat, um die Frau, die er liebt, zu unterstützen. Die Wahrnehmung ist aber, dass er mal wieder alles besser weiß und sie davon genervt ist.

Es vergehen einige Monate, als plötzlich ein Arbeitskollege von ihr, der einen kennengelernt hat, der ein Buch in der U-Bahn gefunden hat, in dem drinstand, wie eine Frau als Ernährungswissenschaftlerin auf einem Kongress mitbekommen hat, dass es unterschiedliche Kohlenhydrate gibt, ihr erzählt, wie man am besten abnimmt und worauf zu achten ist.
Da dieser Mann, der Arbeitskollege, keine intime Beziehung mit der Frau eingegangen ist, ist seine Glaubwürdigkeit um ein Vielfaches höher als die des eigenen Partners. Die Frau hört gespannt zu, geht nach Hause und unterrichtet begeistert ihren Partner darüber, dass es unterschiedliche Kohlenhydrate gibt, dass es wichtig ist, langkettige Zucker zu sich zu nehmen, weil Traubenzucker den Blutzuckerspiegel so schnell ansteigen lässt, dass

es unangenehm für die Bauchspeicheldrüse werden kann. Dass dann der Insulinspiegel so hoch ist und dass man, obwohl man Traubenzucker zu sich genommen hat, nach spätestens 30 Minuten Heißhunger bekommt …

Diese Informationen sind für den Mann ja nichts Neues, sie sind quasi das, was er acht Monate zuvor selbst gesagt hat. Jetzt ist es wichtig, wie man reagiert.

FALSCH: »Häääää, das habe ich dir vor acht Monaten schon gesagt. Hast du mir denn nicht zugehört?«

Damit erreichst du als Mann nichts. Erstens gibt eine Frau ihre Fehler, wenn sie überhaupt welche macht, ungern zu, und zweitens haben Frauen in diesen Fällen immer recht. Wenn du als Mann jetzt nicht noch mehr Stress willst (was wieder eine Gewichtszunahme nach sich ziehen würde), musst du ganz anders reagieren. Wie wir mittlerweile wissen, als Erstes loben und Begeisterung zeigen.

RICHTIG: »Echt, das ist ja super. Was du alles weißt!!! Ich bin mir sicher, du schaffst das.«

An diesem Beispiel kann man sehr gut den Unterschied zwischen Wahrheit und Wahrnehmung sehen.

WAHRHEIT – Er hatte ihr genau dasselbe gesagt, da er sich ernsthaft für sie eingesetzt hat und ihr wirklich aus ganzem Herzen helfen wollte. Er wollte lediglich ein guter Partner sein.

WAHRNEHMUNG – Zum Glück hat ihr der Arbeitskollege die Infos gegeben, denn jetzt weiß sie, worauf sie achten muss, und kommt ihrem Ziel näher.

Um nun die Frage zu beantworten, was wichtiger ist, die Wahrheit oder die Wahrnehmung, kann man ganz einfach sagen: Im Zweifel geht es immer um die Wahrnehmung.

DIE TÜCKEN DER MOBILEN KOMMUNIKATION

Noch komplizierter wird die Sache mit der Wahrnehmung, wenn man den anderen nicht sieht, sondern nur hört. Wir sehen keine Mimik, keine Gestik und wissen nicht, in welcher Situation wir ihn gerade erwischen. Durch die Digitalisierung ist das alles noch schwieriger geworden. In den 1980er Jahren hat man am Telefon nicht gefragt, wo der andere denn gerade ist. Wo sollte er auch sein? Natürlich da, wo das Telefon steht. Das war meist im Flur oder im Wohnzimmer. Doch heute wissen wir weder, wo sich der Angerufene aufhält, noch in welcher Situation er gerade steckt. Wir gehen einfach davon aus, dass wir ihn unter den besten Umständen erreichen und reden oder fragen sofort drauflos. Würden wir sehen, wir er gerade mit knallrotem Kopf und schweißgebadet etwas Schweres von A nach B trägt und sich vorher vielleicht noch in den Finger geschnitten hat, würden wir diese Person vielleicht lieber in Ruhe lassen. Beim Telefonieren fehlen uns genau diese wichtigen Parameter. Das, gepaart mit der Tatsache, dass wir uns oft nicht mehr beim Wort nehmen können, führt unvermeidlich zu Streit beziehungsweise Konflikten.

BEISPIEL Das Telefon klingelt, der Mann geht ran, und die Frau fragt, ob sie denn störe. Der Mann sagt ja, und schon ist die Laune der Frau im Keller. Sie fragt erneut nach, ob sie denn wirklich stören würde. Wieder wird dieses freundlich, aber bestimmt mit einem klaren »im Moment ja«, eventuell mit dem Zusatz »nicht böse gemeint«, bestätigt. Die Frau legt verärgert und irritiert auf. Und ist persönlich beleidigt, doch war es wirklich persönlich gemeint?

Die Frau ruft sofort ihre beste Freundin an und erzählt ihr, was passiert ist. Sie meckert, dass er ja nicht hätte rangehen müssen. Auch das stimmt nur zum Teil, denn auch das hätte ja einen Konflikt ausgelöst. Es kann aber auch sein, dass er dachte, es sei wichtig, und relativ schnell merkte, dass es das nicht war. Es kann auch sein, dass er einen wichtigen Anruf erwartete, in dem es um eine Überraschungsreise ging, die er für sie organisieren wollte. Nun würgt er das Gespräch freundlich bestimmt, aber ehrlich ab. Er wird weder persönlich, noch vermittelt er ihr, dass sie ihn bloß nicht mehr anrufen sollte. Vielleicht hätte er sie ja sogar zurückgerufen. Doch bis dahin baut sie, völlig verständlich, weil so antrainiert, eine Missstimmung auf. Wahrheit und Wahrnehmung, da sind sie wieder.

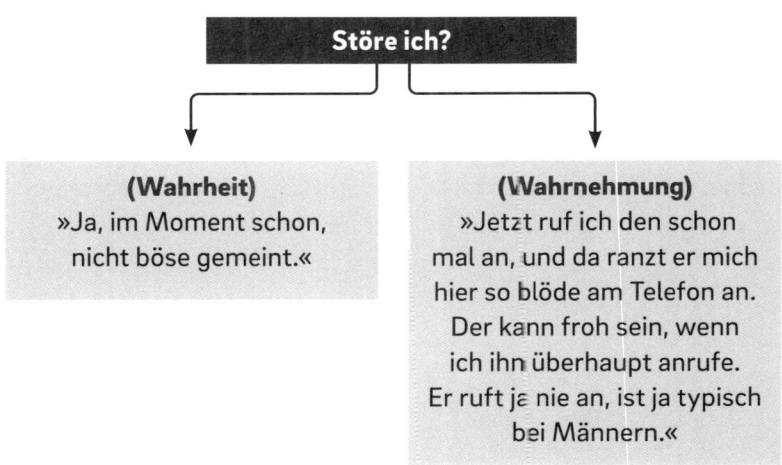

Störe ich?

(Wahrheit)
»Ja, im Moment schon, nicht böse gemeint.«

(Wahrnehmung)
»Jetzt ruf ich den schon mal an, und da ranzt er mich hier so blöde am Telefon an. Der kann froh sein, wenn ich ihn überhaupt anrufe. Er ruft ja nie an, ist ja typisch bei Männern.«

Wir haben die Fähigkeit verloren, auch mal zu akzeptieren, wenn uns einer die Wahrheit sagt. Stattdessen nehmen wir immer alles persönlich und fühlen uns dadurch angegriffen.

Goldene Regel

Wir müssen wieder lernen, uns beim Wort zu nehmen.

WENN DIE UHR TICKT

Der größte Ursprung von Missverständnissen ist aber die Wahrnehmung unter Stress oder Zeitdruck. Es ist nicht gerade selten zu beobachten, dass eine Frau ihren Partner unterbricht, ohne dass er seine Ausführungen beenden kann. Denn sie weiß ja genau, was er sagen wollte. Doch kein Mensch weiß, was der andere denkt oder vorhat. Wenn das möglich wäre, wären wir einen Schritt weiter, und es gäbe keine Missverständnisse mehr. Auch die Aussage »ich weiß genau, wie du es gemeint hast« ist eigentlich Quatsch.

Der Mann hat seiner Liebsten Karten für ein
Konzert geschenkt. Sie freut sich schon seit Monaten auf diesen Abend, endlich wird sie ihre Lieblingsgruppe oder
ihren Lieblingskomiker sehen. Vielleicht hat sie auch endlich die
heiß ersehnten Karten für Mario Barth bekommen, den besten
Komiker aller Zeiten. Da ist es ja immer sehr schwer, gute Karten
zu bekommen. Die goldenen Tickets hängen schon seit Monaten
am Kühlschrank, der Babysitter ist organisiert, und ein Taxi ist
auch schon vorbestellt, denn heute Abend soll gefeiert werde. Es
ist schließlich der erste gemeinsame Abend nach der Geburt des
ersten Kindes, an dem sie alleine weggehen. Genau aus diesem
Grund will sie sich besonders hübsch machen, denn nicht nur ihr
Mann soll sehen, wie gut sie immer noch aussieht, sondern sie
will auch dem Künstler gefallen ☺.

Sie steht voller Freude unter der Dusche, das Kleid liegt bereits
gebügelt auf dem Bett, die Schuhe sind geputzt, die Handtasche, oder besser gesagt die Clutch, ist passend zu den restlichen
Accessoires ausgesucht. Die Haare werden durch ein Glätteisen
gezogen – und nun kann es losgehen. Sie ist fertig geschminkt,
und zeitlich ist eigentlich auch alles im grünen Bereich. Doch als
sie das Kleid anziehen will, bemerkt sie, dass ihr Körper mini-
mal breiter geworden ist. Lange Rede, kurzer Sinn, das Kleid ist
vorübergehend zu klein, aber das ändert sich ja bald, nur heute
Abend wird es eine knappe Geschichte. Sie entscheidet sich,
etwas anderes anzuziehen. Daraus resultiert aber ein komplett
neues Styling, sprich andere Schuhe, andere Accessoires und
natürlich die passende Tasche. Dank ihres Ankleidezimmers, das
früher das Büro ihres Mannes war, ist alles schnell zu finden,
doch sie bemerkt, dass das neue Kleid der Begierde, oder besser
gesagt, das, was passt, ungebügelt ist. Nun entsteht Zeitdruck,
denn damit hatte sie nicht gerechnet.

Währenddessen sitzt der Mann in Hemd und Hose auf dem Sofa und schaut Fernsehen. Seine Schuhe, seine einzigen ordentlichen, stehen bereits vor der Haustüre und warten darauf, angezogen zu werden, um dann ins Taxi zu steigen, das bereits vor der Tür wartet. Plötzlich fragt er nett und höflich, wie spät es eigentlich ist. Mehr nicht. Sie hört es, und folgender Dialog entsteht.

ER: »Weißt du, wie spät es ist?«
SIE: »Ich beeile mich ja schon.«
ER: »Super, aber das ist keine Antwort.«

Doch, ist es. Für die Frau lautete die Frage nämlich nicht, wie spät es ist, sondern sie empfindet es als Hinweis, dass er schon eine Weile auf sie wartet. Jetzt entsteht Stress, der weibliche Körper schüttet erneut Stresshormone aus, während der Mann immer noch völlig entspannt auf dem Sofa sitzt und noch immer nicht weiß, wie spät es eigentlich ist. Er schaut einfach weiter in die Glotze.

Kurze Zeit später fragt er, ob sie wüsste, wie lange man denn zur Halle fahren würde. Der Stress bei der Frau erhöht sich, während der Mann immer noch mit einem Puls unter 60 auf dem Sofa sitzt. Sie haben ja schließlich Platzkarten, und daher gibt es noch keinen Anlass, in Hektik zu verfallen. Stufe 2 des Missverständnisses wird gezündet.

ER: »Wie lange fährt man denn zur Halle?«
SIE: »Ich bin ja gleich fertig.«
ER: »Okay, doch so lange.«
SIE: »Was kann ich denn dafür, dass das Scheißkleid nicht passt. Hättest mir ja mal helfen können, aber nein, der feine Herr sitzt wie ein Pascha auf dem Sofa und glotzt in den Fernseher.«

In dieser Situation ist es völlig egal, dass man gar nicht hätte helfen können. Was denn auch? Das Glätteisen durch die Haare ziehen, für sie duschen oder das Kleid bügeln, was die wenigsten Männer wirklich können. Zumal Männer augenscheinlich von der Natur einen Filter im Auge eingebaut bekommen haben, durch den sie keine Knitterfalten sehen. Schon sind wir wieder bei dem Thema Wahrheit vs. Wahrnehmung.

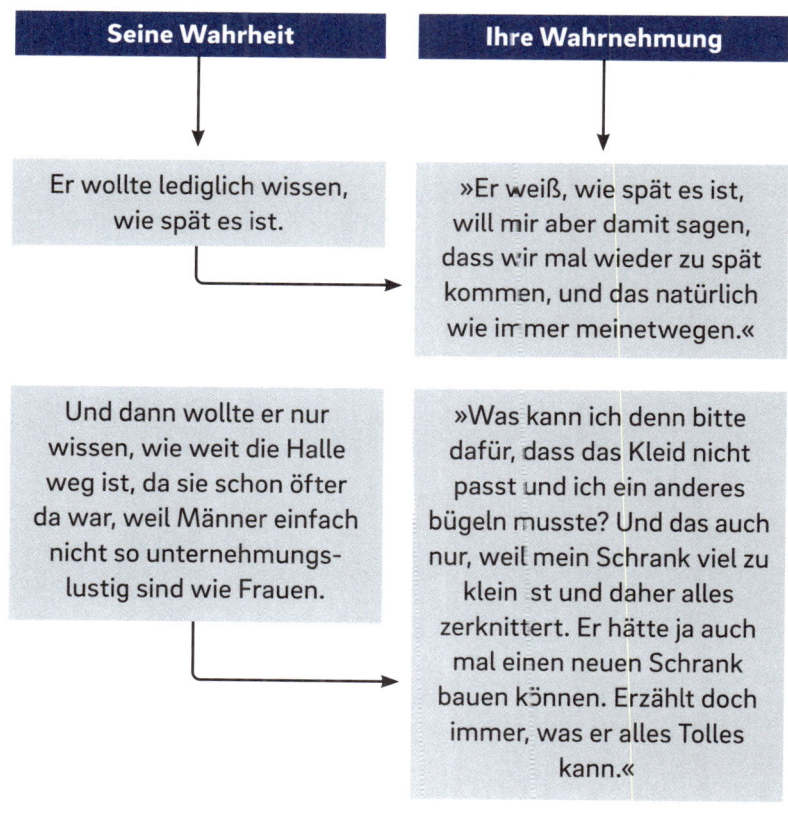

Seine Wahrheit

Ihre Wahrnehmung

Er wollte lediglich wissen, wie spät es ist.

»Er weiß, wie spät es ist, will mir aber damit sagen, dass wir mal wieder zu spät kommen, und das natürlich wie immer meinetwegen.«

Und dann wollte er nur wissen, wie weit die Halle weg ist, da sie schon öfter da war, weil Männer einfach nicht so unternehmungs- lustig sind wie Frauen.

»Was kann ich denn bitte dafür, dass das Kleid nicht passt und ich ein anderes bügeln musste? Und das auch nur, weil mein Schrank viel zu klein ist und daher alles zerknittert. Er hätte ja auch mal einen neuen Schrank bauen können. Erzählt doch immer, was er alles Tolles kann.«

Die einzige Chance, die du jetzt als Mann hast, um den Abend zu retten und ihr die Zeit so zu gestalten, wie sie es sich erhofft und erwartet hat, ist, sie zu loben. Sobald sie völlig genervt aus dem Schlafzimmer kommt, sagst du als Mann nur einen Satz:

»Gott bist du hübsch, ich liebe dich wie am ersten Tag, womit habe ich das verdient?«

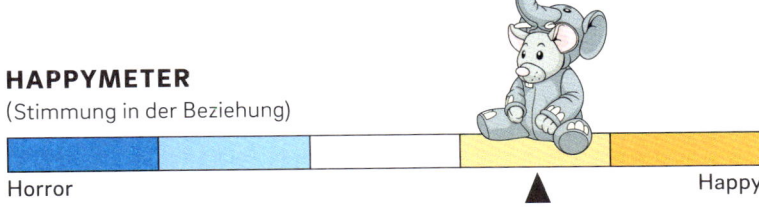

HAPPYMETER
(Stimmung in der Beziehung)

Horror   Happy

Goldene Regel

Die Frau ist das schönste Geschöpf, das Gott je geschaffen hat, und deine Frau ist es erst recht.

Männer sind schuld

Die meistgestellte Frage der Welt ist: Wer ist schuld? Dabei ist es völlig irrelevant, in welchen sozialen Schichten man sich bewegt oder in welchem Alter man sich gerade befindet. Die Schuldfrage wird immer und überall gestellt. Sei es bei positiven oder bei negativen Ereignissen. Der einzige Unterschied ist, dass bei positiven Geschehnissen, also beim Erfolg, immer mehrere beteiligt waren, bei Misserfolgen war es immer nur einer. Ein Klassiker ist zum Beispiel der Fußball. Gewinnt die Mannschaft, haben **WIR** gewonnen. Verliert sie, dann haben **DIE** verloren. Dabei sprechen wir von ein und derselben Mannschaft.

Warum ist die Beantwortung der Schuldfrage für uns so elementar wichtig, wo sie doch rational betrachtet das Unwichtigste auf der Welt ist? Denn wenn ich mich darüber unterhalte, wer an etwas Schuld hat, dann ist es meistens schon passiert. Das Kind ist sprichwörtlich in den Brunnen gefallen, daher ist es völlig egal, wer nun genau schuld ist und wer nicht. Zumal man sich ja auch fragen müsste, ob wirklich nur einer Schuld hat oder ob das Endergebnis nicht ein Resultat von mehreren unterschiedlichen Ereignissen ist.

Nehmen wir mal als Beispiel einen miss-
glückten Urlaub. Wer trägt da die Schuld? Der
Reiseveranstalter, das Hotel, derjenige, der es auf der Internetplattform »Scheißegal, wie der Urlaub wird, Hauptsache bil-
lig« gebucht hat. Wenn die Frau dort gebucht hat, hat sie dann
Schuld, oder ist es vielleicht doch eher der Mann, der immer wieder sagt, man müsse sparen? Oder ist eventuell sogar der Chef
dran schuld, weil er zu wenig bezahlt und man eigentlich viel
mehr verdienen müsste? Liegt die Schuld nicht eventuell sogar
beim Nachbarn, der immer von seinem tollen Urlaub im 1-Stern-
Hotel in Marokko erzählt hat?

Man sieht relativ schnell, dass es für die Schuldfrage selten eine
klare Antwort gibt. Doch warum sind denn dann wir Männer
immer an allem schuld? Das liegt in der Psychologie begründet.
Ein Schuldiger wird immer versuchen, die Schuld einem anderen
zuzuschieben. Das ist eine ganz normale Reaktion. Der Schuldige
findet diesen Zustand nicht wirklich geil, daher muss ein anderer
herhalten. Nun gibt es noch keine Agentur www.rentaguilty.com
oder www.schuldiger.de, bei der man einfach jemanden buchen
kann, der Schuld hat. Früher, ich glaube im Mittelalter, gab es den
sogenannten Prügelknaben. Doch der ist längst ausgestorben,
den gibt es so nicht mehr. Aber man erkennt schon in der Benen-
nung »Knabe« den maskulinen Teil der ganzen Sache. Das wäre
heute, wo das Zigeunerschnitzel Paprikaschnitzel heißt und wir
aus dem Studentenwerk ein Studierendenwerk gemacht haben,
nicht mehr denkbar. Der Prügelknabe heißt heute Wendler.

WER WAR'S? KEINE FRAGE!

Eine Schuld einzugestehen ist mitunter das Schwierigste, das es gibt. Wer sagt schon gerne: Ja, ich bin schuld!!! Zumal man dann keine Ausrede mehr hat. Jeder kennt das, wenn man etwas macht, wovon man vorher schon weiß, dass es eventuell schiefgehen kann – und dann geht es auch schief. Dann ärgert man sich mehr, als wenn es jemand anderer verzapft hätte.

BEISPIEL Man war einkaufen, verzichtet wegen der Umwelt auf Tüten, packt alles in den Kofferraum, und kaum zu Hause angekommen, versucht man, alles auf einmal nach oben zu bringen, anstatt mehrmals zu laufen. Zuerst die großen Teile, darauf dann die Kleineren, und zum Schluss klemmt man sich noch drei Flaschen Wasser und eine Flasche Cola unter den Arm mit der vagen Vermutung, na hoffentlich fliegt mir die nicht gleich runter. Was sie glücklicherweise nicht macht, zumindest nicht gleich. Die Flasche wartet, bis du an einem Treppenabsatz auf der letzten Stufe stehst. Man merkt, wie sie langsam aus den Armen gleitet, erhöht den Druck, will sie gerade noch fangen, als sie mit einem lauten Klirren auf die Treppe knallt und die ganze Cola dank der Kohlensäure auch wirklich überall hinspritzt. Nicht dass die Flasche Wasser runtergefallen wäre, die hätte ja keine Flecken gemacht, so gut meint es das Schicksal nun doch nicht mit uns. Da ist die Schuldfrage relativ schnell geklärt, und der Ärger nimmt seinen Lauf.

Wenn jetzt aber der Mann in der Wohnung sitzt, nicht wissend, dass die Frau einkaufen war, geschweige denn ahnend, dass sie eventuell Hilfe benötigt, ist die Schuldfrage auch sofort klar, die Antwort fällt nur anders aus. Der Mann hat Schuld. Er hätte ihr ja schließlich entgegenkommen können, auch wenn er von nichts wusste – das spielt keine Rolle. Zumal sie dann auch noch voller Wut den Vorwurf äußert, warum denn immer sie einkaufen gehen muss und wenn sie das schon macht, warum sie auch noch den ganzen Kram nach oben schleppen muss, das wäre doch Männersache!!!

Liebe Männer, wenn diese Argumente vorgetragen werden, tut euch selbst einen Gefallen und kommt nicht mit dem Gegenargument »Gleichberechtigung«. Zumal ich die Gleichberechtigung eh anders verstehe als andere. Gleichberechtigung heißt in meinen Augen: Die Argumente bei einer Diskussion sind gleich schwerwiegend, egal ob vom Mann oder von der Frau vorgetragen. Gleichberechtigung heißt nicht, dass Frauen auch einen Wasserkasten in den fünften Stock tragen müssen.

Also wenn die Frau dann wütend über sich selbst und die Colaflecken an der Wand ins Wohnzimmer kommt, dich als Mann dort sitzen sieht, dann bist du schuld – was sonst?

Goldene Regel

Du bist als Mann immer schuld, Ende der Diskussion.

Es gibt in der Regel drei Gründe, warum man die eigene Schuld nicht anerkennt.

1. Angst
2. Man hatte keine Schuld.
3. Man hat einen Mann, der sowieso schuld ist.

Um das Thema Schuld und ihre Anerkennung besser zu erklären, möchte ich eine wahre Jeschichte erzählen.

WAHRE JESCHICHTE

Wir waren auf der Weihnachtsfeier eines befreundeten Kollegen eingeladen. Meine Freundin freute sich schon Wochen vorher darauf, da es dort immer sehr lustig zugeht. Ich hatte beschlossen, dass es doch charmant wäre, wenn ich sie dorthin chauffieren würde. Ich fahre hin und sie zurück, das ist Gleichberechtigung. Auf der Weihnachtsfeier habe ich dann zugegebenermaßen die eine oder andere Fantaschorle zu viel getrunken, was kein Problem darstellte, da sie ja zurückfuhr. Wobei ich jedem Mann nur raten kann, keine Zeit zu verlieren, denn es könnte jederzeit passieren, dass sie nach Hause will. Und wenn du dann nur so angeballert bist, hat alles keinen Sinn gehabt. Angeballert sein ist kein wirklich guter Zustand, entweder nüchtern oder voll. Ich bin also direkt Richtung Bar getigert und habe Vollgas gegeben. Keine Stunde später war es so weit, meiner Freundin war plötzlich langweilig, und sie flüsterte mir liebevoll ins Ohr, dass sie nach Hause möchte. Wir gehen jetzt. Das klang für mich weder liebevoll noch flüsternd, aber es ist wohl ein Phänomen, das nur Frauen beherrschen: leise reden, obwohl einem selbst das Trommelfell bebt. Für mich war es okay, denn ich hatte innerhalb von

17 Minuten zwölf Wodka Redbull getrunken und hatte bereits in kürzester Zeit Glühstrom, mein Auftrag war erfüllt. Da sie sich ja bereiterklärt hatte zurückzufahren, nahm ich mir noch eine Flasche Rotwein mit, für den Weg. Kaum im Auto angekommen, fuhr ich meinen Sitz nach hinten und schlief ein. Da sind wir Männer Weltmeister drin. Ich schlief die ganze Fahrt über, doch wie von einer fremden Kraft gewarnt, wurde ich kurz vor unserem Zuhause wach. Das ist immer so, da müsst ihr mal drauf achten. Egal, wie weit du fährst, man kann die ganze Zeit ruhig pennen, bis man in seine Straße einbiegt. Warum das so ist, kann ich nicht erklären, ich bin aber dran.

Sie fuhr wirklich gut, das muss ich fairerweise sagen, allerdings die ganze Zeit im ersten Gang, denn sie hat ein Automatikauto. Waren ja nur knapp über 50 Kilometer, dabei haben wir gute 30 Liter Super Plus verballert. Aber auch hier greift die Regel, im Zweifel sind wir Männer schuld. Frauen hören das aber auch nicht. Gerade was das Auto betrifft, haben Frauen eine völlig andere Wahrnehmung von Raum und Zeit. Wenn ich vom Kofferraum oder von der Rückbank eines Autos spreche, ist es in den meisten Fällen so, dass diese immer voll sind. Meine Freundin wäre nicht in der Lage, spontan jemanden an der Straße mitzunehmen, da die Rückbank voll ist mit Kleidungsstücken, die zur Reinigung oder zur Schneiderei müssen, und auch für das Gepäck wäre nicht ausreichend Platz, da der Kofferraum voll mit Leergut ist, das schon seit Tagen weggebracht werden soll. Aber auch da kann ich die Frauen beruhigen, die Schuld liegt natürlich bei uns Männern – hätten wir ja auch machen können. Auch bezüglich der Zeit haben Frauen in der Automobiltechnik eine gänzlich andere Wahrnehmung.
Nehmen wir als Beispiel eine Ölkontrollleuchte. Sobald diese rot aufleuchtet, sollte man zügig, zumindest zeitnah eine Werkstatt

oder eine Tankstelle aufsuchen. Alleine die Farbe Rot symbolisiert in der Regel Gefahr. Das haben sich die Autohersteller zunutze gemacht. Das ist der Grund, warum es grüne, orange, aber auch rote Leuchten gibt. Blinkt es dann auch noch rot, dann heißt es **ACHTUNG!** Es kann daher schon mal sein, dass du als Mann ihr Auto übernimmst, meist ist der Tank dann auch leer, und dann plötzlich eine rot blinkende LED im Armaturenbrett bemerkst. Wenn du dann deine Frau fragst, wie lange diese schon leuchtet, kann es sein, dass sie sagt: »Noch nicht lange, maximal ein halbes Jahr.« Auch das ist psychologisch zu erklären.

Wir Männer haben eine andere Verknüpfung mit der Farbe Rot. Für uns bedeutet sie Gefahr, Feuer, Stopp. Bei Frauen ist es anders. Sie verknüpfen die Farbe Rot mit Fingernägeln, Unterwäsche oder einem tollen romantischen Sonnenuntergang. Daher bleibt die ersehnte schnelle Handlung, bezüglich einer rot aufleuchtenden Signal-LED, meist aus.

Sie fuhr diesmal mein Auto, die ganze Strecke im ersten Gang. Als wir schließlich vor unserem Haus standen, legte sie den Rückwärtsgang ein, um einzuparken. Allerdings ohne Kupplung, warum auch? Ganz nach dem Motto: Wer laut schaltet, braucht nicht hupen!

Nun habe ich in meinem Auto eine Parkdistanzkontrolle. Sobald man an ein Hindernis zu nah rankommt, fängt es an zu piepen. Doch meine Freundin ignoriert so ein Piepen gern mal oder wundert sich, wo das denn herkommt, ohne etwas am Rückwärtsfahren zu ändern. Sie saß auf dem Fahrersitz und fragte immer nur: »Was piept denn da so? .... Na sag mal, hörst du das? .... Was piept denn da so … damit musst du mal in die Werkstatt!« Ich saß nur da und sagte: »Noch nicht, aber gleich!«

Mit Vollgas fuhr sie ungebremst in die einzige Laterne in der Straße, das Piepen hörte mit einem Schlag auf. Natürlich habe ich es mitbekommen, ich war ja nur besoffen und nicht tot. Ich schnallte mich ab, stieg aus, hielt mich am Dach fest und ging langsam nach hinten. Ich sah, wie die Laterne auf der Rückbank saß, und fragte die Laterne: »Na, bist du auch mitgefahren?« Meine Freundin stieg auch aus und betrachtete leicht verunsichert den Schaden. Die Stoßstange umarmte quasi die Laterne. Ich schaute meine Freundin liebevoll an und fragte:

ICH: »Sag mal, bist du gegen die Laterne geknallt?«
SIE: »Nö.«
ICH: »Aber die Laterne wackelt doch noch.«
SIE: »Das ist der Wind.«

Die einzige Chance, die du jetzt als Mann hast, ist, das Ganze mit Humor zu nehmen. Denn wie wir bereits gelernt haben, ist die

Schuldfrage in diesem Fall nicht nur eindeutig, sondern, was viel wichtiger ist, sie ist irrelevant, völlig überflüssig. Was soll sie auch sagen? Ja, ich bin gegen die Laterne gefahren, Entschuldigung. Nein, das wird sie nicht tun. Wenn überhaupt, dann sagt sie vielleicht: »War ja nicht mit Absicht.« Wobei man dazu sagen muss, dass dieser Satz genauso überflüssig ist wie die Frage nach der Schuld. In der Regel geht man davon aus, dass nichts, was böse Folgen hat, mit Absicht gemacht wird. Sollte sie das Auto mit Absicht gegen die Laterne gefahren haben, sollte man die ganze Beziehung in Frage stellen. Doch das allerdings nicht nachts und schon gar nicht, wenn einer von beiden alkoholisiert ist. Also versuchte ich es mit Humor. Ich ging zu meiner Freundin, nahm sie in den Arm und drückte sie leidenschaftlich. Dann schaute ich ihr in die Augen und sagte:

ICH: »Weißt du noch, einer deiner Lieblingsfilme?«

SIE: (leicht verunsichert) »Nein, was meinst du?«

ICH: »Na einer der Filme, die wir am häufigsten gesehen haben, zusammen.«

SIE: »Meinst du ›Titanic‹?«

ICH: »Ja genau.«

SIE: »Okay.«

ICH: »Da können wir ja jetzt total froh sein.«

SIE: »Warum das denn?«

Jetzt kam mein Höhepunkt. Denn eins ist doch ganz klar, der Schaden am Auto ist passiert, den bekommt man jetzt nur noch mit Hilfe einer Werkstatt weg und nicht mit Gemecker oder Rumgebrülle. Wie schaffe ich es aber, dass sie es niemals vergessen wird? Genau, in dem ich es lustig gestalte. Denn Humor ist bei den Frauen mitunter das wichtigste Gut, das es gibt.

Es gibt zahlreiche Umfragen zu den Gründen, warum Frauen Männer sexy finden, die belegen, dass an erster Stelle nicht das Geld oder das Aussehen stehen, sondern der Humor.

Warum finden Frauen Männer sexy?

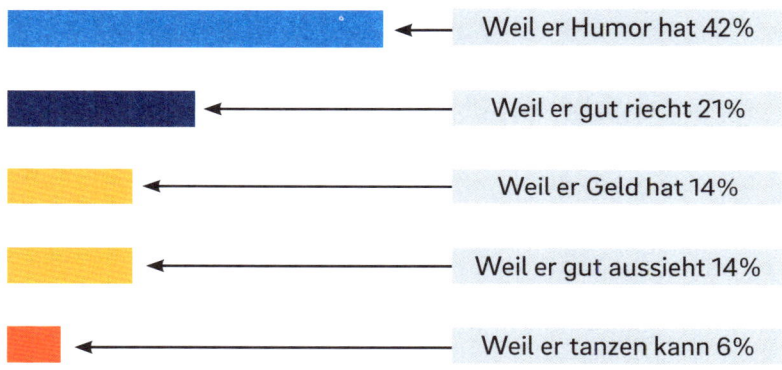

Weil er Humor hat 42%

Weil er gut riecht 21%

Weil er Geld hat 14%

Weil er gut aussieht 14%

Weil er tanzen kann 6%

Wenn eine Frau über den Mann lachen kann, hast du die Hälfte der Miete schon im Sack. Jetzt kam meine Zeit. Sie stand noch immer mit mir am Auto, die Laterne wackelte noch so stark, dass man eine Technoparty darunter hätte feiern können. Ich hielt sie im Arm, schaute genüsslich mit ihr gemeinsam auf die Kaltverformung der Stoßstange und des Kofferraumes und wiederholte meinen letzten Satz.

ICH: »Schatz, wir können so verdammt froh sein.«
SIE: »Warum?«
ICH: »Stell dir mal vor, unser Auto wäre ein Boot.«
SIE: »Ja und?«

ICH: »Stell dir mal weiter vor, die Laterne wäre ein Eisblock.«

SIE: »Okay.«

ICH: »Dann würdest du jetzt auf einer schwimmenden Holztür sitzen und pfeifen!!!«

Goldene Regel

Mit Humor erreicht man viel mehr, auch langfristig.

Wie schon gesagt, wird die Schuldfrage immer wieder gestellt, um die Verantwortung möglichst von sich zu weisen. Doch wenn wir ganz ehrlich sind, sind wir meist alle zu gewissen Teilen verantwortlich. Hätte ich auf der Weihnachtsfeier nichts getrunken, hätte ich zurückfahren können, und der Schaden wäre nicht entstanden. Doch wo fange ich an, und wo höre ich auf? Ich könnte ja auch sagen: Hätte ich nichts getrunken, wäre sie nicht gefahren und hätte auf der Party getrunken, dann wäre ich nach Hause gefahren, es hätte keinen Schaden gegeben, wir wären ins Bett gegangen, und am nächsten Morgen wäre sie mit einem höllischen Kater aufgewacht, und der Tag wäre eine Katastrophe geworden. Ich wäre den ganzen Tag an allem schuld gewesen, und, was noch viel wichtiger ist, ich hätte keine lustige Nummer daraus machen können, wir könnten heute nicht darüber lachen, und sie wäre am darauffolgenden Tag nicht so nett zu mir gewesen. Denn machen wir uns mal nichts vor, Frauen bekommen alles mit. Natürlich ist sie sich bewusst, dass da etwas falsch gelaufen ist, jetzt müssen wir sie nicht noch damit konfrontieren. Zumal man mit einem gewissen Abstand ganz anders darüber denkt.

Wie viele katastrophale Situationen haben wir alle schon erlebt, in denen wir dachten, schlimmer kann es nicht mehr werden? Wir waren sprachlos, verzweifelt und wütend. Doch mit einer gewissen Distanz sind es genau diese Momente, die erzählenswert sind und die das Leben mit einem Partner so spannend und schön machen. Nicht immer gleich meckern, auch mal ein Auge zudrücken, denn wie wir bereits gelernt haben, Frauen sind viel kreativer als Männer, egal ob beim Schwindeln oder bei den Ausreden.

Zu diesem Thema komme ich in diesem Buch auch noch. Doch bevor ich das tue, möchte ich dir ein weiteres Beispiel erzählen, das mir erst neulich passiert ist. Und natürlich hatte sie mal wieder keine Schuld.

WaHRE JESCHICHTE

Wir waren bei einem Freund zum Grillen eingeladen. Er hatte eine tollen Gin besorgt und ein noch besseres Tonic. Kaum angekommen, bot er mir ein Kaltgetränk an. Ich hatte dieses höflich abgelehnt, da ich nicht schon wieder der Spielverderber sein wollte und sie das Auto nach Hause fahren lassen würde. Diesmal sollte sie was trinken können. Doch eine Frau wäre keine Frau, wenn es so einfach ablaufen würde. Liebevoll sagte sie mir, dass es überhaupt kein Problem wäre, wenn ich einen Gin Tonic trinken würde, zumal es sich ja um einen Besuch bei meinem Freund handelt und sie heute eh nichts trinken wollte. Ich vergewisserte mich noch einmal, ob das wirklich okay sei, und sie bestätigte erneut: »Na klar, Schatz.« Nun hatte ich von einigen Psychologen gelernt, dass wir uns wieder beim Wort nehmen müssen. Also ging ich davon aus, dass sie kein Problem damit hat, sie ist meine Partnerin, ich glaube ihr, also wird es okay sein, wenn ich doch etwas trinke. Ich weiß, es war riskant, aber diesmal traf es wirklich zu. Nicht immer meinen Frauen es so, wie sie es sagen. Wenn du deine Partnerin fragst, ob es okay ist, wenn du mit deinen Jungs eine Woche nach Malle fährst und eh kein Hotel brauchst, weil du durchfeiern wirst, und sie dann mit dem Satz antwortet: »Mach doch, bist ja alt genug, ich muss eh arbeiten!«, dann heißt das nicht unbedingt, dass sie es genauso meint. In diesem Fall wäre es besser, wenn du einige Tage wartest, dann zu ihr gehst und sagst: »Schatz, ich habe noch mal darüber nachgedacht, wegen Malle. Eigentlich will ich gar nicht ohne dich feiern, du würdest mir zu sehr fehlen!« Es ist zwar nicht die Wahrheit, aber ihre Wahrnehmung wird von da an positiv sein.

Aber in meinem Fall meinte sie es ernst. Wir hatten einen sehr lustigen Abend, und ich trank auch nur zwei Gin Tonic in acht

Stunden. Doch sobald ich nur einen Schluck getrunken habe, selbst wenn ich noch nüchtern bin, fahre ich keinen Meter mit dem Auto. Kann ich jedem nur raten. Als wir dann gingen, bat ich sie zu fahren, blieb aber die ganze Fahrt über aufmerksam und wach. Sie fuhr gut, keine Frage, und ich hielt mich aus allem raus. Das Schlimmste, was du als Mann machen kannst, ist, ihr permanent Tipps zu geben und Ansagen zu machen. Das mögen Frauen gar nicht. Mir war das natürlich bewusst, und ich bin auch ein sehr guter Beifahrer. Jeder hat seinen eigenen Fahrstil, und das ist auch gut so. Doch nun passierte Folgendes: Wir fuhren auf einer unbefahrenen Straße, die Sonne war bereits untergegangen und konnte nicht mehr blenden, das Abblendlicht des Fahrzeugs war von der neusten Generation, sprich die Straße erstrahlte in vollem Glanze und weit und breit kein rechts vor links.

Sie fuhr, und ich schaute nach vorne. Sie fuhr weiter, und ich schaute weiter nach vorne, wunderte mich aber, warum sie scheinbar nichtsahnend weiterfuhr und nicht den Fuß mal langsam vom Gas nahm. Ich hatte in der Tat kurzfristig überlegt, ob ich etwas sagen sollte, entschied mich aber dagegen, da es sonst nur wieder heißt: »Ich bin ja nicht blind, das habe ich gesehen.« Sie fuhr unverändert in ihrer Geschwindigkeit weiter, ich hielt mich am im Dach befindlichen Griff fest und spannte meinen Körper an, als sie plötzlich ungebremst über eine vor uns befindliche Mittelinsel raste. Wir haben zwar einen Geländewagen, aber auch da ist bezüglich physikalischer Kräfte irgendwann Feierabend. Es machte einen Schlag im Auto, wir hoben kurzfristig ab, und ich analysierte blitzschnell anhand von sich schlagartig verändernden Geräuschen, was denn gerade kaputtgegangen sein musste. Mit war relativ schnell klar, dass es das Radlager und mindestens zwei Felgen erwischt hatte. Ob die Achsaufhängung oder die Spurstange einen mitbekommen haben, konnte ich so nicht sagen. Die Ölwanne liegt glücklicherweise bei diesem Fahrzeug weiter oben, so dass ich nicht damit rechnen musste, innerhalb der nächsten drei Kilometer stehen zu bleiben.

Ich schaute noch immer kommentarlos auf die Straße, denn sie fuhr unbeeindruckt weiter. Ich hatte mich nun wirklich lange zurückgehalten und dachte darüber nach, wie ich es ihr sagen konnte, ohne eine Streit vom Zaun zu brechen. Ich überlegte mir, ob ich einen Gag machen sollte, entschied mich aber dagegen, da sie es eventuell als Sarkasmus verstanden hätte, und dieser wäre mit Sicherheit an dieser Stelle das Falsche gewesen. Es vergingen gefühlt Stunden. Ich sagte also nichts, drehte nur wortlos meinen Kopf in ihre Richtung und schaute sie verwundert an. Ich wartete auf eine Reaktion, wie auch immer sie ausfallen würde. Das leicht heulende Geräusch der Achse, das gänzlich an ihr vorbeizugehen schien, hinderte mich am klaren Denken. Auch das klappernde Geräusch der zerstörten Radlager war nicht zu überhören. Ich schaute sie noch immer von der Seite an, als plötzlich, mit einem leichten, kaum erkennbaren verschämten Lächeln ein einziges Wort ihren liebevollen Mund verließ: **»HOPSALA.«**

Hopsala, das war alles. Einfach nur ein Hopsala, mehr nicht? Ich legte meine Hand auf ihren Oberschenkel, schaute sie leicht lächelnd an und wiederholte nur ganz ruhig ihr Wort: »Hopsala, echt, hopsala, cool.«

SIE: »Was war das denn?«
ICH: »Eine Mittelinsel.«
SIE: »Wie kommt die denn da hin?«
ICH: »Die hat ein Außendienstmitarbeiter für Mittelinseln der Gemeinde verkauft, und die haben sie dort hingebaut.«
SIE: »Die habe ich nicht gesehen.«

ICH: »Ach, hätte ich jetzt nicht gedacht. Wie kann man denn ungebremst, mitten auf einer Straße über eine Mittelinsel knallen und
dann nur Hopsala sagen. Das Radlager ist im Arsch, die Felgen
können wir wegschmeißen, und die Achse sowie die Spur müssen
vermessen und wahrscheinlich neu eingestellt oder ausgetauscht
werden.«

Jetzt kam der allergeilste Satz überhaupt. Eine Information, die
mich erneut daran erinnerte, dass Frauen nicht nur nie Schuld
haben, sondern dass es wirklich wichtig ist, dieses Buch zu
schreiben, da ich glaube, zumindest hoffe, dass ich damit nicht
alleine auf der Welt bin.

SIE: »Ganz ehrlich, so etwas passiert mir immer nur dann, wenn du mit
im Auto sitzt.«
ICH: »Jetzt bin ich auch noch schuld.«
SIE: »Na wenn ich alleine fahre, passiert das nie, aber du verunsicherst
mich total.«
ICH: »Ich habe doch gar nichts gesagt.«
SIE: »Aber alleine wie du da schon sitzt.«

Jetzt stellte ich mir natürlich die Frage, wie ich denn im Auto
gesessen habe, dass ich sie damit verunsichert habe. Ich war
noch angezogen, saß auf meinem Hintern, die Beine wie es sich
gehört im 90-Grad-Winkel nach unten gebeugt, mit den Füßen
auf der Fußmatte. Ich würde es ja verstehen, wenn ich meine
Beine hinter dem Kopf gehabt hätte und plötzlich mit den Ohren
atmen würde, aber das tat ich nicht. Doch jetzt kam der Todesstoß
bezüglich der Klärung der Schuldfrage. Ich bin nicht gefahren, ich
habe nichts gesagt, und ich saß auch völlig normal. Rational ist es
völlig klar, dass ich überhaupt keine Schuld haben kann. Das weiß
sie auch, doch wie schon beschrieben, ist die Anerkennung der

Schuld eine ganz schwierige Sache, und wie heißt es so schön in einer intakten glücklichen Beziehung? Für schwierige Sachen sind die Männer zuständig.

SIE: »Jetzt tu nicht so, als ob du die Mittelinsel gesehen hast.«

ICH: »Habe ich aber.«

SIE: »Warum hast du mir dann nichts gesagt?«

ICH: »Du fährst doch.«

SIE: »Hättest du nichts getrunken, hätte ich nicht fahren müssen. Ist doch immer dasselbe!«

Goldene Regel

Für schwierige Dinge ist der Mann zuständig.

9.

Frauen
sind schlau

Dass wir Männer an allem schuld sind, haben wir verstanden und zum Teil auch akzeptiert. Das zumindest kann ich jedem Mann nur raten. Doch die Königsdisziplin der Frauen ist nicht die Schuldzuweisung, sondern die Kunst der perfekten Ausrede. Frauen sind uns Männern um ein Vielfaches überlegen. Sie sind schneller, kreativer und viel überzeugender. Und sie gehen strategischer vor. Wenn es um Ausreden geht, haben Frauen sogar eine wahnsinnige Geduld. Selbst beim Thema Shopping können sie, sollte es erforderlich sein, sich in Geduld üben. Denn wie schon gesagt, Lügen ist zwar erlaubt, aber man sollte es auch nicht übertreiben. Selbst zu schwindeln ist nur bis zu einem gewissen Grad okay. Da Frauen das relativ schnell erkannt haben, haben sie schon vor vielen Jahren eine neue Form entwickelt, die Form der kreativen Auslegung. Man spricht auch gerne von der **AUSLE-GUNGSSACHE**. Was für den einen eine Lüge oder ein Schwindel ist, ist für den anderen einfach die kreative Gestaltung von Abläufen, das optische Verschleiern von Offensichtlichem und das Abwarten von richtigen Zeitpunkten. Klingt kompliziert, ist es aber nicht. Ich habe ja im Kapitel »Schwindeln ist nicht Lügen« schon von den drei Shopping-Tricks gesprochen. **SPLITTEN**, **MINIMIE-REN** und **ABHÄNGEN**. Was damit gemeint ist, möchte ich dir an einem Beispiel aus dem Freundeskreis erläutern.

DIE DREI SHOPPING-TRICKS
DER FRAU

BEISPIEL Männer unterliegen in den meisten Fällen dem Drang, die Frau befriedigen zu wollen, und das meine ich nicht nur sexuell, sondern auch in ihren Wünschen. Sobald eine Frau sagt, was sie schön findet, überlegt der liebende Mann schon, wie er ihr diesen Wunsch erfüllen kann. So mach ich es zumindest. Doch oft muss man als Mann gar nicht aktiv werden, um ihre Wünsche zu erfüllen, das machen die Frauen am liebsten alleine oder mit ihrer besten Freundin. Warum shoppen Frauen so gerne, und Männer hassen es? Egal, ob reguläres Shoppen oder Fabrikverkauf – Frauen genießen es förmlich, während wir Männer darunter leiden. Das ist wirklich so und sogar wissenschaftlich erwiesen.

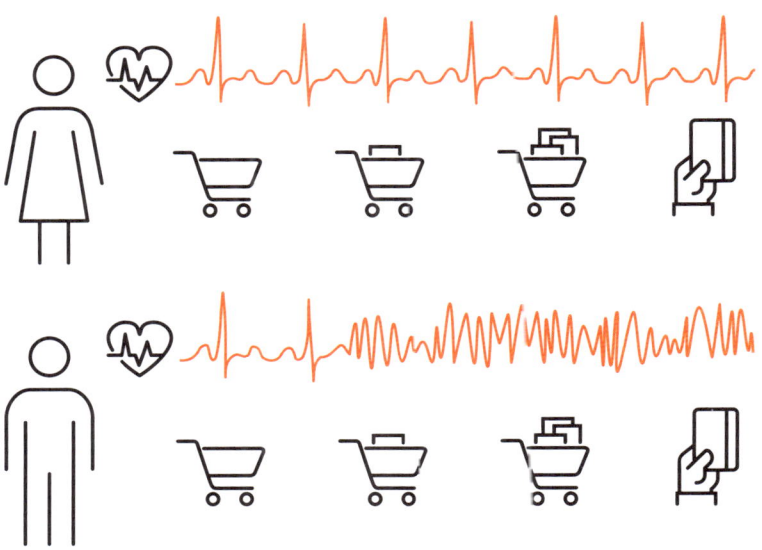

Eine Untersuchung zeigte folgendes Ergebnis. Man hat mehrere Frauen und Männer an ein Langzeit-EKG angeschlossen. Während bei den Frauen bei zunehmender Zeit in einer Shopping-Situation der Puls immer niedriger wurde und auch der Blutdruck sich deutlich verbesserte, war der Mann zeitgleich so viel Stress ausgesetzt wie ein Kampfpilot unter Beschuss. Das ist der Grund, warum Männer meist nach kurzer Zeit nach Hause wollen oder wie ein Häufchen Elend auf einer Drahtbank sitzend im Kaufhaus an der Rolltreppe auf die Frauen warten.

Frauen genießen es, sie fühlen sich beim Shoppen wohl. Frauen gehen manchmal auch los, um einfach mal zu sehen, was es so gibt. Sie haben kein bestimmtes Ziel, während Männer immer eine klare Aufgabe haben. Ist die Hose kaputt, geht der Mann in die Hosenabteilung, kauft eine Hose, die ihm passt, gerne auch mehrere davon, und geht nach Hause. Er käme gar nicht auf die Idee, auch bei den Jacken oder Hemden zu schauen, wenn sie nicht gerade auf dem Weg liegen. Der Mann schlendert in der Regel nicht durch ein Kaufhaus und überlegt sich, was er eventuell gebrauchen könnte, das machen wir Männer nur im Baumarkt. Da kaufen wir uns eine Oberflächenfräse, mit der wir eigene Türen bauen könnten. Wir werden nie Türen bauen, könnten es aber. Genauso läuft es auch bei den Frauen ab. Sie kaufen sich Schuhe, die eine Nummer zu klein sind, mit dem Argument, dass die sich ja noch einlaufen. Das wird genauso wenig passieren, wie wir Männer Türen bauen, aber sie könnten sie einlaufen, und genau darum geht es. Es geht beim Shoppen nicht um eine rationale Tat, sondern um pure Wunscherfüllung. Warum das so wichtig ist, erzähle ich in den nächsten Kapiteln, denn auch das hat einen psychologischen Ursprung.

Kommen wir zurück zu unserem Beispiel. Die Frau möchte sich etwas Gutes tun, weiß aber, dass es natürlich den Rahmen sprengen würde. Wie schafft sie es, dass er nichts mitbekommt, ohne ihn anzulügen oder zu betrügen? Die Frau wird kreativ und wendet Trick 1 an, es wird gesplittet.

TRICK 1: SPLITTEN

Die Rechnung muss einfach aufgeteilt werden, so dass nirgends eine große Summe erscheint. Das ist weder gelogen noch betrogen, sondern spiegelt nur die weibliche Intelligenz wider und fördert die Kreativität. Frauen splitten aber nicht wie Männer, denn wir Männer würden einfach die Summe ein paarmal teilen und die Kreditkarte dementsprechend oft durchziehen lassen. Die Frau würde es trotzdem bemerken, da sie sich wundern würde, warum ein und derselbe Herrenausstatter so oft etwas abgebucht hat. Frauen sind einfach schlauer, sie splitten nicht nur die Summe, sondern nutzen auch noch verschiedene Zahlungsmöglichkeiten.

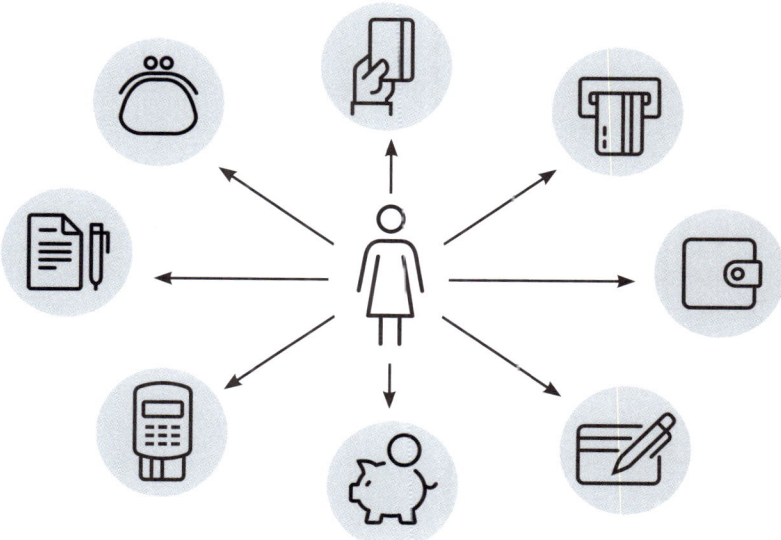

Ein geringer unauffälliger Teil wird bar bezahlt, ein anderer unauffälliger Betrag wird über die EC-Karte beglichen, und der Rest läuft über verschiedene Kreditkarten. Der Vorteil daran ist, dass jede Karte einen unterschiedlichen Abrechnungszyklus hat. Die EC-Karte wird meist noch am selben Tag belastet. Das Bargeld wurde bereits vor einiger Zeit dem Konto abgeschrieben, während die Kreditkartenunternehmen verzögert abbuchen. Der Mann bekommt nichts mit, und die Frau hat weder gelogen noch betrogen, sie ist einfach nur kreativ mit dem Geld anderer Leute umgegangen. Das machen Steuerberater und Politiker schließlich auch.

Die Summe ist nun verschleiert, doch was mache ich mit den ganzen Sachen, die ich eingekauft habe. Kommen wir zu Trick 2: Es wird minimiert.

TRICK 2: MINIMIEREN

Da so ein Shoppingtag sehr anstrengend sein kann und Frauen für diesen Stress eine Belohnung benötigen, kommt es schon mal vor, dass sie eine ordentliche Ausbeute vorzuweisen haben. Diese ist wunderschön in großen und auffälligen Tüten verpackt worden, da der Einzelhandel eine große Freude daran hat, den Menschen draußen zu zeigen, was die Frau jetzt ihr eigen nennen kann. Doch so auffällig verpackt könnte es ja passieren, dass alles auffliegt, sollte der Mann genau in diesem Augenblick nach Hause kommen, in dem die Frau die tollen, großformatigen und stilvollen Tüten ins Haus bringen möchte. Also muss eine Frau schweren Herzens die Kleidungsstücke in einigen wenigen Tüten minimieren. Wichtig dabei ist, dass man von teuer zu günstig minimiert. Eine Anfängerin behält gerne die Tüten, während ein Profi die Tüten im Auto lässt und im Kofferraum unter dem Reserverad oder in dem vorgesehenen Fach deponiert. Sprich, ich muss von Chanel zu Zara oder H&M runterregulieren.

Sollte jetzt der Mann zeitgleich das Haus betreten, sieht er lediglich eine H&M-Tüte und eine Zara-Tasche. Fragt er dann, ob sie teuer shoppen war, kann sie ohne zu lügen sagen:»Du siehst ja selber, eher so Kleinkram.«

Doch was macht sie nun mit den ganzen neuen Errungenschaften? Wenn sie sie jetzt nacheinander anzieht und einen aufmerksamen Mann hat, könnte es sein, dass die ganze Sache kurz auf dem letzten Meter noch auffliegt. Es kommt Trick 3 zum Einsatz: Es wird abgehängt.

TRICK 3: ABHÄNGEN

Kaum sind die minimierten Tüten im Ankleidezimmer, werden die Schmuckstücke erneut betrachtet und gegebenenfalls noch einmal angezogen. So was machen die Männer in der Regel nicht. Wenn uns die Hose im Kaufhaus gepasst hat, wird sie auch noch zu Hause passen, doch wie schon gesagt, geht es hier nicht um rationales Verhalten, sondern wir befinden uns auf einer emotionalen Ebene. Nachdem nun alles erneut angezogen wurde und sie erneut die Bestätigung ihrer WhatsApp-Gruppe bekommen hat, werden die Kleidungsstücke fein säuberlich auf einen Bügel gehängt und verschwinden hinten im Kleiderschrank. Nach einer gewissen Zeit des Abhängens werden dann vereinzelt die Kleidungsstücke nach vorne geholt, die Etiketten sorgfältig entfernt und gesondert entsorgt. Dann werden die neuen Lieblingsstücke angezogen. Bis dahin sind einige Wochen, teilweise sogar Monate vergangen. Wenn jetzt der Mann bemerkt, dass sie etwas Neues angezogen hat, was er noch nie an ihr gesehen hat, und plötzlich fragt, kann sie guten Gewissens sagen:»Nein, Schatz, das habe ich schon eine ganze Weile, hing nur in meinem Schrank, gab nur noch keinen Anlass, um es anzuziehen!«

Sie sagt die reine Wahrheit, lügt nicht, und auch der Mann ist glücklich und zufrieden. Doch warum bringen Frauen so viel

Energie auf, nur um regelmäßig in Ruhe shoppen zu gehen. Warum genießen sie das so sehr? Warum können Frauen stundenlang in einer Shopping Mall verbringen, ohne etwas zu kaufen, und sind trotzdem glücklich und zufrieden? Das ist psychologisch tief verankert. Ich spreche da vom Prinzessinnenphänomen.

Das Prinzessinnenphänomen

Angefangen hat alles im Mittelalter. Es gab Könige, Fürsten, Ritter und immer auch eine Prinzessin. Sie hatte alles, was man sich so erträumen konnte. Sie hatte die schönsten Kleider, das tollste Parfüm, sie bekam das beste Essen, und sie konnte tun und lassen, was sie wollte. Manchmal bekam eine Prinzessin sogar ein Stadtschloss ganz für sich allein, um sich von den Strapazen ihres Prinzessinnenlebens auszuruhen und auch mal die Möglichkeit zu haben, Zeit für sich zu genießen. Eine Prinzessin hatte sogar mehrere Assistentinnen, die ihr beim Haarewaschen halfen. So musste sie niemals – wie viele Frauen heute – halbnackt über den Badewannenrand gebeugt ihre Haare waschen, bloß weil sie am Tag zuvor schon geduscht hatte. Nach außen hin gaben Prinz und Prinzessin immer ein tolles und vor allem glückliches Paar ab. Sie feierten große Feste. Das sahen natürlich auch alle anderen. Man kann das heute mit den Geschichten in der Bunten oder Gala vergleichen, nur dass es damals noch keine C-Promis gab.

Die Frauen aber sahen das und wollten es auch so haben, ungeachtet dessen, dass es mit der Wahrheit mal wieder nichts zu tun hatte. Keiner sah, wie sich die Prinzessin wirklich fühlte, niemand wusste, was in den vielen Zimmern ablief, wenn keine fremden Leute vor Ort waren. Wurde auch außerhalb der Feste miteinander getanzt und geredet? Ich glaube, nein. Es gab Zeiten, da hat der Adel in eine Ecke im Schloss gekackt und dachte, wenn man viel pudert, dann muss man sich auch nicht waschen. Aber das hat man nicht so gerne kommuniziert. Heute läuft das anders, heute gibt es RTL2 und Frauentausch, da sieht man die Zustände teilweise ziemlich unverblümt. Ich sage nur Erdbeerkäse. Doch all das war den anderen Frauen egal, sie sahen das, was sie sehen wollten. Die hübschen Kleider, das Parfüm und den Luxus.

Was hat das alles aber mit dem Mann zu tun? Das ist ganz einfach. Wenn die Frau damals, die keine Prinzessin war, einen tollen Mann hatte, eine glückliche Familie besaß und es ihnen an den grundlegenden Dingen nicht fehlte, wie Brot, Fleisch, Kartoffeln und Gemüse, wenn der Mann es mit seinen eigenen Händen vollbracht hatte, dass sie einen Brunnen besaßen, um ausreichend Wasser zu schöpfen, dann gab es weder die Zeit noch einen Grund, die Prinzessin zu bewundern und vor allem zu beneiden. Warum auch, man hatte doch alles. Die Kinder waren gut erzogen, und man diskutierte nicht mit einem dreijährigen Kind, ob es heute lieber Nudeln oder doch lieber Chicken-Nuggets in Dinoform essen wollte. Der Mann war fleißig und erledigte die Dinge im Haus, die erledigt werden mussten, und zu essen gab es auch genug. Doch wenn der Mann anfing, seine Aufgaben schleifen zu lassen, wenn er den Brunnen nicht baute, wenn die Kinder schlecht erzogen wären und das 13-jährige pubertierende Kind plötzlich auf die Idee käme, dass es ab heute kein Fleisch mehr isst und sich ausschließlich vegan ernähren möchte, wenn die Schwiegermutter dann noch von ihrer Laktoseintoleranz und der Glutenunverträglichkeit philosophieren würde, dann konnte es schon mal sein, dass die Frau in Richtung des Schlosses schaute und sich dachte, ach, was wäre es schön, wenn ich doch nur einen Tag eine Prinzessin sein könnte!

Genauso ist es heute noch immer. Solange die Frau glücklich zu Hause ist, hat sie nicht das Bedürfnis, eine Prinzessin zu sein, zumal du als Mann eh dafür zu sorgen hast, dass du ihr mindestens viermal im Monat, gut verteilt, sagst, dass sie deine Prinzessin ist. Ich weiß, dass es für Männer keine logische Erklärung dafür gibt, und ich weiß auch, dass Frauen heute keine echten Prinzessinnen mehr sein können, aber darum geht es nicht. Frauen möchten eine Prinzessin sein, zumindest ab und an.

Goldene Regel

Eine Frau ist immer, irgendwann, irgendwo, irgendwie eine Prinzessin. Gib ihr als Mann das Gefühl, dass es so ist!

Wenn du also als Mann versagst, ihr nicht das Gefühl gibst, dass sie deine Prinzessin ist, du zu Hause mal wieder nichts reparierst und auch der Kühlschrank leer bleibt, weil du die Hälfte vom Einkaufszettel, den du bekommen hast, vergessen hast, fängt die Frau an, Richtung Schloss zu gucken.

Sie hat das Bedürfnis nach Anerkennung, sie braucht Streicheleinheiten, und sie giert nach einem Glücksgefühl. Das alles bekommen Frauen auch, wenn sie einkaufen gehen.

Anerkennung	→	Die Begrüßung in einer Edelboutique, plus Champagner.
Streicheleinheiten	→	Sobald das edle Teil, das sie gerne hätte, über ihre zarte Haut streift und sie sich dann vor dem Spiegel selbst umarmt.
Glücksgefühl	→	Das Dopamin (Glückshormon) wird direkt nach dem Bezahlen in der Nebennierenrinde ausgeschüttet. Das sogenannte Glückshormon macht nicht nur glücklich, sondern steigert die Antriebslust und die Motivation.

Man spricht hier auch von einem sogenannten Teufelskreis. Die Frau ist frustriert und braucht eine Änderung dieses Zustandes. Diesen erreicht sie, indem sie sich etwas Gutes tut, denn dann fühlt sie sich endlich wie eine Prinzessin. Die schönen Kleider, das tolle Parfüm und vor allem: machen, wozu man Lust hat. Der Zustand der Frustration verfliegt dann relativ schnell, und durch das **DOPAMIN** wird die Motivation und die Antriebslust gesteigert. Das ist auch der Grund, warum Frauen immer weiter und weiter shoppen können. Sobald der Antrieb und die Motivation gesteigert sind, geht es ins nächste Geschäft. Durch das Glücksgefühl findet die Frau auch immer leichter Anziehsachen, die ihr gefallen, ob sie passen, spielt nun keine Rolle mehr, die Sucht hat zugeschlagen. Das ist mitunter auch der Grund, warum Frauen so viel umtauschen. Es geht nicht mehr um das Kaufen einer Sache, sondern nur noch um die Ausschüttung von Dopamin. Frauen kaufen oder bestellen einfach schöne Sachen. Dank Zalando nun auch sehr bequem von zu Hause, der CO_2-Abdruck spielt da keine große Rolle, Hauptsache, Zalando und Amazon bringen die Ware in einem umweltfreundlichen, viel zu großen Karton.

Im Gegensatz zu Frauen wird beim Mann allerdings **ADRENALIN** freigesetzt. Das wird zwar auch im Nebennierenmark gebildet wie das Dopamin bei der Frau, hat aber komplett andere Eigenschaften. Es steigert die Herzfrequenz, die Blutgefäße verengen sich, und dadurch kommt es zu erhöhtem Blutdruck. Das ist der Grund für den roten Kopf, wenn Männer mit Frauen einkaufen gehen müssen. Zusätzlich wird die Magen-Darm-Tätigkeit beeinflusst und der Fettabbau gesteigert. Die oft gestellte Frage, warum Männer beim Shoppen immer gleich aus dem Geschäft rennen oder zumindest rummeckern, kann hiermit beantwortet werden. Der Ursprung dieser Reaktion des Mannes ist ebenfalls beim Adrenalin zu finden. Denn dieses Hormon ist maßgeblich daran beteiligt, dass es zu einer Kampf- oder Fluchtreaktion kommt. Er wird entweder laut und meckert rum oder haut einfach ab. Es ist nicht der Mann, sondern das Hormon.

Sobald die Frau nach Hause kommt, muss der Mann die Pakete abholen, sie hat ein Gefühl wie Weihnachten, denn sie ist gespannt, was diesmal drin ist. Die Spannung ist nicht gespielt, sie freut sich wirklich und ist ganz neugierig, da sie aufgrund der vielen Bestellungen nicht genau weiß, was heute angekommen ist. Keine Angst, liebe Männer, dabei geht es nicht ums Geldausgeben, es geht noch immer lediglich um die Ausschüttung ihres Glückshormons. Sie schaut sich die bestellten Sachen an, stellt fest, dass sie nicht passen, und tauscht sie um oder retourniert einfach online die Bestellung. Der Mann ist so nett, die Pakete wieder zurückzubringen. Es gibt Studien, die herausgefunden haben, dass Dopamin süchtiger macht als Heroin. Die Frau kann also nichts dafür, genauso wenig wie der Mann, daher rate ich jedem, der in einer **GLÜCKLICHEN BEZIEHUNG** leben will, getrennt einkaufen zu gehen. Das ist nicht nur erlaubt, sondern auch verdammt schlau und gut für die Beziehung.

> ### Goldene Regel
> # Wer getrennt shoppen geht, hat langfristig mehr von der Beziehung.

Halten wir nun aber Folgendes fest: Hätte der Mann ihr gesagt, dass sie noch hübscher ist als jede Prinzessin und für ihn die Königin, hätte er den Einkauf so erledigt, wie sie es gerne gehabt hätte, und hätte er dann auch noch zu Hause das Bild im Flur angebracht, weil sie ihn darum gebeten hatte, dann wäre sie nicht frustriert gewesen, hätte keine Bedürfnisse gehabt, wäre nicht shoppen gegangen – und er müsste keine blutdrucksenkenden Medikamente nehmen.

10.

Männer sind faul

Es ist unbestritten und über die Grenzen Berlin-Kreuzbergs hinaus bekannt, dass Frauen der Meinung sind, wir Männer wären faul. Nicht gänzlich, aber sobald es um das eigene Zuhause geht, ist Fehlanzeige. Bei Freunden wird gerne mal das komplette Wohnzimmer gestrichen, der Keller bekommt einen neuen Boden, oder im Dachgeschoss werden schnell mal ein paar Fenster eingebaut. Doch wenn die Frau mal ein Bild aufgehängt haben möchte, heißt es immer wieder: **GLEICH!!!** Männer hingegen sind da ganz anderer Meinung: Männer sind nicht faul, Männer sind aktive »Nichtstuer«. Ja, so etwas gibt es, wir Männer machen aktiv **NICHTS!**

ICH WILL HIER NUR SITZEN

Der große und unvergessene Loriot hat es mal perfekt dargestellt. Ich versuche es kurz zu skizzieren. Der Mann sitzt zu Hause in seinem Lieblingssessel und schaut. Mehr nicht. Männer sind in der Lage, einfach nur zu sitzen und zu atmen. Die Frau rennt währenddessen in der Küche rum und fragt, was er denn da machen würde. Er antwortet, dass er einfach nur sitze, mehr nicht. Daraufhin fragte sie ihn, was er denn in diesem Augenblick denken würde. Er sagte, dass es nichts Besonderes wäre, woran er denkt, er würde hier einfach nur sitzen. Die Frau rennt weiter in der Küche hin und her. Plötzlich schlägt sie ihm vor, dass es doch auch mal schön wäre, wenn er etwas spazieren ginge. Er bedankt sich für den Vorschlag, entscheidet aber, weiterhin einfach nur in seinem Sessel zu sitzen. Sie ignoriert seine Aussage komplett und rät ihm, er solle doch bitte einen Mantel mitnehmen, wenn er gleich rausgeht ... Der Mann, noch immer entspannt in seinem Sessel sitzend, kommentiert den überflüssigen Ratschlag mit einem leisen Brummen. Sie bietet ihm an, den Mantel zu holen. Er lehnt freundlich ab und sagt, dass er ja gar nicht spazieren gehen möchte, er will einfach nur hier sitzen, mehr nicht, einfach nur sitzen und entspannen.

Wie schon gesagt, wir Männer können einfach mal nichts tun. Frauen können das nicht. Frauen müssen immer irgendetwas machen, egal wann. Auch beim Autofahren. Sie machen das Radio laut, dann wieder leise, sie singen mit, auch das mal laut und mal leise. Dann klappen sie den Schminkspiegel runter und fangen an sich zu begutachten. Dann wird der Radiosender geändert, oder es wird ins Handy geschaut. Männer können mit einem anderen Mann von Berlin bis nach Italien fahren, ohne ein Wort zu reden. Wenn sie sich verabschieden, bedanken sich beide für die geile Fahrt. Frauen können es nicht verstehen, dass wir Männer wirklich nichts machen können, und zwar gewollt. Loriot vollendet seine Geschichte noch perfekt, indem er die ganze Situation entgleisen lässt. Plötzlich steht die Frau meckernd in der Tür und hält ihrem Mann vor, erst wolle er spazieren gehen, dann wieder nicht; dann wolle er etwas lesen, sei aber zu faul, die Zeitungen zu holen, und dass er sich lieber nur bedienen lässt. Ich kann jedem Pärchen nur empfehlen, sich diese wunderbare Geschichte von Loriot anzusehen, man findet sie überall im Netz oder bestimmt auch in irgendwelchen legalen Mediatheken.

DER KRONLEUCHTER

Auch wenn Frauen sich untereinander einig sind, dass ihre Männer faul sind, werden sie es dir als Mann nicht direkt ins Gesicht sagen, dafür sind Frauen viel zu schlau. Sie warten, bis ein paar Leute dabei sind.

WAHRE JESCHICHTE

Meine Freundin hatte Geburtstag, und sie hatte sich von ihrer Mädelstruppe einen Kronleuchter gewünscht. So richtig wie bei einer Prinzessin zu Hause. Jeder einzelne Arm des Kronleuchters, zwölf Stück an der Zahl, war liebevoll eingepackt, so dass man schon anhand der Verpackung sehen konnte, was hier verschenkt wird. Männer würden einfach nur einen blauen Müllsack drüberstülpen, diesen dann mit Panzertape fest umwickeln, und fertig wäre das Geschenk. Frauen sind da etwas liebevoller unterwegs. Jeder der Arme des Kronleuchters hatte vier Lampen, sprich insgesamt gefühlte 10 000 Watt. Er war für das Badezimmer gedacht, und man kann sich vorstellen, wie hell es dort heute ist. Wenn ich aufs Klo gehe, benötige ich eine Schweißerbrille, so hell ist das, aber für Frauen kann es nicht hell genug sein. Frauen möchten schließlich was sehen, wenn sie in den Spiegel schauen, um sich selbst zu begutachten. Frauen benötigen auch Vergrößerungsspiegel, am liebsten mit einer tausendfachen Vergrößerung, so dass die Poren im Gesicht aussehen wie ein Hochregallager. Für Männer würde ein Stück Alufolie reichen, Hauptsache, sie erkennen, dass sie es sind, der Rest ist egal. Für Frauen ist das Badezimmer ein heiliger Ort, darum auch die unterschiedlichen Spiegel, die Lampen und die vielen Regale, auf denen Tausende von Kerzen stehen, um eine romantische und gemütliche Stimmung zu erzeugen. Die Kerzen, plus der Kronleuchter führen aber dazu, dass wir auch ohne Heizkörper, der natürlich verbaut wurde, um die Handtücher auf eine angenehme Temperatur zu bringen, gute 2000 Grad im Bad haben. Wenn wir im Winter das Badezimmerfenster öffnen würden, wären wir der einzige Bezirk ohne Schnee. Die Zugvögel fliegen nicht mehr in den Süden, sie fliegen zum Barth, da hat es schließlich 2000 Grad.

Nun hatte sie sich diesen Kronleuchter gewünscht, und ihre Mädels hatten ihr diesen Wunsch erfüllt. Sie kam ins Zimmer, sah das Geschenk und fragte sich, was da wohl drin sei. Jeder Mann, der im Raum stand, schaute merkwürdig, schon fast fragend, da jeder, aber auch wirklich jeder erkannte, was da so schön verpackt war. Doch Frauen ist das egal, sie freuen sich einfach gerne und packen gerne aus. Männern ist die Verpackung egal, Frauen, wie wir bereits gelernt haben, nicht.

Sie packte jeden einzelnen Arm vorsichtig aus, denn das Geschenk-papier könnte man ja noch einmal benutzen, was allerdings nie ge-macht wird. Doch die Möglichkeit, es zu tun, ist alles im Leben. Das ist auch der Grund, warum viele Frauen gerne einen Gelände-wagen fahren. In der Stadt, rational betrachtet, völliger Schwach-sinn, aber sollte mal plötzlich die Straße weg sein, kann sie als Einzige mit dem Wagen übers freie Feld fahren. Nach jedem einzelnen Arm, der zum Vorschein kam, freute sie sich mehr und unterstrich ihre Neugier immer wieder mit dem Satz: »Da bin ich ja gespannt, was es ist!« Als endlich alle Arme des Kronleuch-ters freigelegt waren und dieser in vollem Glanz zu sehen war, nahm sie ihn, hielt ihn mit leicht ausgestrecktem Arm von sich weg und schwieg. Die Masse beobachtete sie, doch sie schwieg weiter. Dann hörte man ein leichtes, aber bestimmtes Seufzen. Sie schaute den Kronleuchter an, dann wieder in die Menge, dann wieder den Kronleuchter. Sie wackelte langsam und sehr ge-schmeidig mit ihrem Kopf von rechts nach links. Es war keine Bewegung wie bei einem **NEIN**, es war eher die Bewegung eines zweifelnden Akts. Plötzlich atmete sie tief und laut ein und wippte noch stärker mit dem Kopf, als plötzlich der Satz ihre Lippen ver-ließ:

SIE: »Da bin ich ja mal gespannt …, wann er den aufhängt.«

Ich habe gute drei Minuten gebraucht, um zu raffen, dass sie von mir sprach. Alle Blicke waren auf mich gerichtet, als ich sagte, dass ich ihn sehr gerne aufhängen würde. Doch eine Frau wäre keine Frau, wenn sie sich damit zufriedengeben würde. Sie wurde spezifischer.

SIE: »Wann denn?«
ICH: »Demnächst!«

SIE: »Echt?«

ICH: »Sag mir doch einfach, ich soll den Kronleuchter anbringen, dann mache ich das auch!«

SIE: »Wie mit dem Bild im Flur?«

ICH: »Welches Bild?«

SIE: »Ganz genau das meine ich!!!«

Jetzt hatte sie mich genau da, wo sie mich haben wollte. Da eine Frau viel pfiffiger ist und sich nicht auf Zufälle verlässt, ist sie knallhart auf diese Situation vorbereitet. Direkt wurden andere Beispiele nachgelegt.

SIE: »Es ist ja nicht nur das Bild.«

ICH: »Was denn noch?«

SIE: »Die Regendusche, du weißt ja, ich wollte immer eine Regendusche, aber nein, ich bekomme keine Regendusche.«

ICH: »Eine Regendusche, wofür das denn?«

Das war einer meiner größten Fehler, ich fragte nach, und schon kamen Hunderte von Argumenten, warum sie eine Regendusche in ihrem Badezimmer brauchte, und wenn ich doch schon dabei wäre, könnte ich ihr ja noch ein paar Nischen für ein paar weitere Kerzen einbauen. Doch als Erstes würde ihr die »Rainshower« reichen.

Nun ist es unbedingt ratsam und für die Harmonie unvorstellbar wichtig, dass du als Mann aktiv wirst. Denn sonst entsteht Frust, der muss abgebaut werden, und zack sind wir wieder in der Shoppinghölle. Da ich ja ein gelernter Handwerker bin, wartete ich, bis alle Gäste weg waren, und holte die Leiter. Eine hohe Leiter, da wir im Altbau wohnen und die Deckenhöhe gefühlt gute zehn Meter beträgt.

Wie wir schon im Physikunterricht gelernt haben, ist kalte Luft schwerer als warme, was dazu führt, dass es, je weiter man nach oben kommt, umso wärmer wird. In unserem Badezimmer mit all den Kerzen und den Handtuchheizkörpern, gepaart mit der Fußbodenheizung, die natürlich volle Pulle läuft – man möchte ja nach dem stundenlangen Duschen nicht auf kaltem Boden wandeln –, hatten wir Verhältnisse wie in einer Sauna.

Ich stieg mit der Bohrmaschine in der Hand auf die Leiter und wollte gerade anfangen zu bohren, als meine Freundin fragte, ob man das nicht auch anders befestigen könnte? Einen Kronleuchter mit gefühlten 100 Kilo. Ich sagte, dass man es eventuell kleben könnte, dazu bräuchte ich lediglich 2000 Rollen Tesafilm oder Montagekleber von der NASA, mein Kontakt bei der NASA hätte aber gerade Urlaub, so dass ich doch ganz gerne bohren würde.

Nun kann man ein ganz besonderes Phänomen beobachten: Egal wie groß deine Wohnung, dein Haus oder dein Schloss ist, die Frau steht immer an der Baustelle, an der du gerade arbeitest. Ich denke, dass es eine Art Wache ist, dass du als Mann auch wirklich deine Arbeit machst. Dagegen hätte ich nichts einzuwenden, wenn sie nicht immer alles kommentieren würde. Ich wollte gerade die Bohrmaschine ansetzen, als sie fragte, ob der Punkt denn auch wirklich die Mitte wäre. Ich versicherte ihr, dass es die Mitte sei. Daraufhin begann sie, weiter zu fragen, woher ich das denn so genau wüsste. Ich erinnere gerne daran, dass ich noch immer in 1000 Meter Höhe, bei 5000 Grad mit einer Bohrmaschine von Hilti, die gefühlt eine Tonne wiegt, stehe. Ich versicherte ihr, dass ich es ausgemessen hätte und sie mir diesbezüglich vertrauen könne, dass es sich bei dem geplanten Loch in der Decke wirklich um die Mitte handelt. Wie ich das denn ausgemessen hätte, ich stünde doch auf der Leiter, und von unten sähe es ganz anders aus. Nun wurde es für mich als Mann echt anstrengend. Denn die Hitze plus das Gewicht der Bohrmaschine und dann noch dieses permanente Verhör brachten mich an meine Grenzen. Letztendlich nahm sie die Tatsache zwar hin, nuschelte aber weiter in ihren Bart, dass es sich unmöglich um die Mitte handeln könnte und es nachher jeder sehen würde. Dass sie mich ja sogar darauf hingewiesen hat, aber der feine Herr mal wieder alles so macht, wie er will.

Ich fange an zu bohren, und hätte ich nicht auf das Gebrabbel meiner Freundin geachtet, hätte ich eventuell gehört, dass sich das Bohrgeräusch veränderte. Ich war aber so fixiert auf die immer wiederkehrenden Laute ... das ist nicht die Mitte ... das ist nicht die Mitte, dass ich plötzlich die Wasserleitung angebohrt hatte und das Wasser mit hohem Druck aus der Decke schoss.

SIE: »Was ist das denn?«
ICH: »Deine Regendusche, wolltest du doch immer haben.«

Humor funktioniert immer, nur in dieser Situation leider nicht. Ich rief also von der Leiter zu meiner Freundin runter, sie sollte doch bitte losrennen und es abdrehen. Ich hatte in der Aufregung vergessen zu sagen, dass ich das Wasser meine, das aus der Decke spritzt, auch wenn es ein Stück weit etwas mit Logik zu tun gehabt hätte. Sie rannte hektisch ins Wohnzimmer und drehte die Musik aus. Wer kennt das nicht, steht ja schließlich in jedem Handbuch geschrieben, bei Wasserschaden als Erstes die Musik ausmachen! Ich versuchte noch immer erfolglos, das Loch in der Decke zuzuhalten, um den Folgeschaden so gering wie möglich ausfallen zu lassen, und rief ihr zu, dass ich vom Wasserhahn spreche, vom Haupthahn, der müsste sich im Keller befinden. Darauf sie: Welcher Keller? Wo genau? Wie sieht er denn aus? Wo lang dreht man denn zu? Ich entschied mich, selbst in den Keller zu gehen und den Haupthahn abzudrehen, ist ja auch schließlich ein Stück weit meine Aufgabe. Doch welcher Hahn ist jetzt deiner? Da steht ja nicht Marios Haupthahn dran. Ich entschied mich dafür, bei ihr anzurufen und zu fragen, was aus dem Keller echt eine Herausforderung war, zumal ich immer wieder an das eine Kellerfester klettern musste, um zumindest einen Balken im Handy zu haben.

ICH: »Und, ist es aus?«
SIE: »Was?«
ICH: »Das Wasser?«
SIE: »Wo?«
ICH: »In der Küche.« (Sollte sarkastisch gemeint sein, ich habe aber gelernt, dass es Situationen gibt, in denen Sarkasmus fehl am Platz ist.)
SIE: »Warte, ich schaue.«

Ich entschied mich dafür, alle Haupthähne abzudrehen, um erst mal das Loch in der Decke provisorisch zu stopfen. Das kann man machen, indem man eine Schraube mit größerem Durchmesser als das Loch fest in die Bohrung dreht. Die Wasserleitungen bestehen zum größten Teil aus Kupfer, das ist ein relativ weiches Material, dadurch schneidet sich die Stahlschraube in das Loch und verschließt es. Allerdings nicht dauerhaft. Mir blieb also nichts anderes übrig, als einen Fachmann zu rufen, der den Schaden schnellstmöglich behebt, denn je länger der Zustand anhält, desto länger kann ich mir das von meiner Freundin anhören. Ich rief den Notdienst, denn es war bereits Samstagabend, der auch prompt, am Dienstag kurz vor Feierabend, vorbeikam.

Was jetzt geschah, ist in 72 Prozent aller Haushalte zu beobachten, in denen ein dominanter Mann wohnt. Ein fremder Mann betritt das Territorium des Hausherren. Man kann es ein bisschen mit der Tierwelt vergleichen, wenn ein neuer Löwe plötzlich in das Revier des Königs eindringt. Der Fremde beginnt gleich zu provozieren. Am Anfang wird erst mal darauf rumgehackt, wie das denn passieren konnte. Dann wird gesagt, dass es sehr, sehr teuer werden kann, gefolgt von einer Flut an Informationen, was alles gemacht werden müsse. Von Decke aufreißen über neues Rohr setzen bis hin zu den restlichen Malerarbeiten. In meiner Situation hatte ich keine andere Chance, ich musste ihn beauftragen. Am besten war aber die Frage, was ich da überhaupt vorgehabt hätte. Als ich sagte, dass ich einen Kronleuchter hatte anbringen wollen und dabei das Rohr mitten in der Decke getroffen hätte, kommentierte der leicht genervte und arrogant wirkende Gas- und Wasserinstallateur mit folgenden Worten: »Hätten Sie mal einen Fachmann geholt!« Auf diese Art der Kommunikation war ich vorbereitet, auf das, was dann kam, und zwar von meiner Freundin, war ich es nicht. Sie bestätigte seine Aussage, dass ich doch lieber einen Fachmann hätte holen sollen, mit den Worten: »Hab ich dir doch gleich gesagt!«

Hatte sie nicht, aber sollte ich jetzt, vor den Augen dieses Handwerkers darauf eingehen? Sollte ich versuchen, sie zu überzeugen, dass doch sie diejenige gewesen war, die mich quasi vor allen Freunden gedrängt hatte, diesen Kronleuchter anzubringen, und zwar heute? Sollte ich sie daran erinnern, dass ich gesagt hatte, dass ich es »demnächst« machen würde und dass ich mir dabei »natürlich« etwas gedacht hatte? Die einzige vernünftige Antwort ist **NEIN**.

**Kannst du mir mal das Bild
im Flur aufhängen?**

»Mach ich später!«

»Ja gleich!«

**Was Männer
antworten:**

»Das ist das Nächste,
was ich mache,
versprochen!«

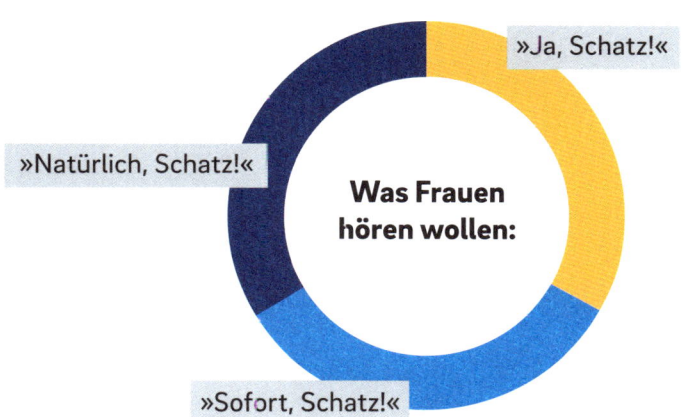

»Ja, Schatz!«

»Natürlich, Schatz!«

**Was Frauen
hören wollen:**

»Sofort, Schatz!«

Wir haben bereits gelernt, dass Frauen viel schlauer sind und Männer eh an allem Schuld haben. Warum sollte es diesmal anders sein?

Ich beauftragte also den Handwerker, der mir versprach, am nächsten Morgen direkt als Erstes zu uns zu kommen. Als ich dann früh aus dem Schlafzimmer in die Küche kam, war der Handwerker bereits da. Er stand aber nicht auf der Leiter im Bad, sondern saß auf meinem Platz in der Küche und genoss mein Frühstück. Er bekam Rührei mit Kräutern der Provence und einen frisch gepressten Orangensaft. Auch einen Skinny-Latte-low-fat-no-carb-Cappuccino hat er sich von meiner Freundin gewünscht. Er wäre laktoseintolerant und vertrage eigentlich keine Kuhmilch, wenn überhaupt, dann nur absolut fettfrei. Ich denke, entweder ist man intolerant oder nicht, das hat weniger mit Laktose zu tun als vielmehr mit der Tatsache, dass es gerade hip ist. Er saß also genüsslich essend an meinem Tisch und schaute mich zufrieden an. Meine Freundin bemerkte meinen Blick, nahm mich beiseite und flüsterte mir ins Ohr, dass sie genau wüsste, was ich jetzt empfinde, dass es aber total wichtig sei, den Handwerker gut zu behandeln, sonst komme er einfach nicht mehr wieder. Jetzt war ich selber mal Handwerker und hatte grundsätzlich großes Verständnis. Ich bot ihm noch ein Lachsbrötchen an und selbst-gebackene Madeleines. Doch dann packte mich der Sarkasmus, und ich schlug ihm noch meinen Massagesessel im Wohnzim-mer vor und dass er dort gern noch die eine oder andere Folge seiner Lieblingsserie bei Netflix oder RTL Now ansehen könnte. Glücklicherweise verstand er, was ich meinte, und bewegte sich Richtung Badezimmer, stieg auf die Leiter und zerkloppte die komplette Decke. Er würde es großflächig freilegen müssen, verspachtele nachher aber alles so, dass ich nichts sehen würde.

Als ich dann aus dem Büro nach Hause kam, bin ich sofort ins Bad getigert und traute meinen Augen nicht. So etwas hatte ich noch nicht gesehen. Der Typ muss früher mal Tropfsteinhöhlen gebaut haben! Eins war klar, so konnte es auf keinen Fall bleiben, alleine schon wegen meiner Freundin. Nach einer langen Diskussion mit dem Chef der Firma habe ich mich entschlossen, die Decke erneut zu verputzen und diese dann zu streichen, schließlich bin ich ja ein gelernter Handwerker, und wir dürfen als Männer nicht vergessen:

Frauen finden uns sexy, wenn wir Dinge erledigen, bauen oder reparieren.

Jetzt schließt sich auch langsam der Kreis, denn wenn Frauen uns sexy finden, sind sie glücklich. Wenn sie glücklich sind, müssen sie nicht shoppen. Wenn sie nicht mit dir shoppen, hast du als Mann keinen Bluthochdruck. Bist du als Mann gesundheitlich fit, bist du automatisch reizvoller für die Frau, und das Sexualleben bleibt weiter spannend. Denn auch das ist ein wichtiger Baustein in einer glücklichen Beziehung. Wer viel gibt, bekommt auch was.

Goldene Regel

Nicht quatschen, machen!

11

Der perfekte Sex

Was wir bis jetzt schon mal festhalten können, ist die Tatsache, dass Frauen eigentlich in Harmonie mit ihrem Partner alt werden möchten. Sie möchten ein Zuhause haben, einen Mann, der auf der einen Seite ein liebevoller, einfühlsamer und verständnisvoller Partner ist, der Fels in der Brandung, dann aber auch ein Casanova, ein Mann, der nicht nur weiß, was er will, der es sich auch nimmt. Natürlich nicht zu jeder Zeit, sondern nur, wenn die Frau bereit dafür ist. Doch woran erkenne ich als Mann den richtigen Moment? Sie will es nicht sagen müssen, man soll es spüren. Doch wie spüre ich es? Das ist die Frage aller Fragen. Wann möchte sie mit mir einen Rosamunde-Pilcher-Film durchleben, und wann sollte ich Mr. Grey sein?

Ich habe alle Bücher der Reihe »Fifty Shades of Grey« gelesen und auch die Filme angesehen, wobei ich zugeben muss, dass mir die Filme nicht gefallen haben. Was war das denn bitte für ein weichgespülter Typ? Ich dachte, da steht ein richtiger Mann, einer, der sich täglich rasieren muss, und nicht so eine Weichflöte, die sich rasiert, indem sie bei der Fahrt im Auto einfach mal kurz das Fenster öffnet.

Was ich allerdings dabei gelernt habe, ist unbezahlbar. Nur weil Frauen dieses Buch toll finden und sich in ihrer Phantasie auch das eine oder andere vorstellen oder sogar wünschen, heißt es noch lange nicht, dass sie wollen, dass der eigene Partner die Rolle des Mr. Grey übernimmt. Leider musste ich diese Erfahrung erst selbst machen, bevor ich zu dieser Erkenntnis kam.

FIFTY SHADES OF MARIO

Da ich, genauso wie meine beiden besten Freunde, schon in einer langjährigen Beziehung lebte, war uns dreien klar, das wir mal wieder etwas machen müssten, um frischen Wind in unser Liebesleben zu bekommen. Das kann ich jedem nur empfehlen, vielleicht nicht so, wie wir es gemacht haben, aber man muss an einer Beziehung regelmäßig arbeiten – und zwar beide Parteien. In jeder Beziehung ist es dringend notwendig, Energie aufzubringen, damit diese langfristig hält. Egal, ob es eine berufliche oder private Beziehung ist. Selbst unter Freunden muss man mal Sachen machen, die einem nicht so viel Spaß machen. Sei es zu einem Geburtstag gehen, obwohl man überhaupt keine Lust hat, oder sich die Nacht um die Ohren hauen, weil der andere gerade Sorgen oder Liebeskummer hat. Das gehört einfach dazu, und das ist auch gut so. Doch warum empfinden Männer das, was sie bei Freunden ganz selbstverständlich an den Tag legen, als anstrengend, wenn es um ihre Partnerin geht? Es klingt so abgedroschen, wenn man sagt, dass man täglich an sich und seiner Beziehung arbeiten muss, aber genau das ist das Geheimrezept. Sei es der Blumenstrauß, das Überraschungsei oder eine kleine Postkarte mit dem Aufdruck »Liebe ist …, dich an meiner Seite zu haben!«. Frauen freuen sich darüber, und warum auch nicht? Wir Männer tun es ja auch.

Wenn wir eine geile Grillsoße, einen guten Rum oder einen neuen Zollstock bekommen, freuen wir uns ja auch. Frauen und Männer sind nun mal nicht gleich, wäre ja auch langweilig. Darum wäre es nicht so eine tolle Idee, wenn du deiner Freundin einen Zollstock schenkst, genauso wenig, wie wir uns über eine Gesichtscreme freuen.

Doch nicht nur die kleinen Geschenke erhalten die Freundschaft, sondern Frauen benötigen auch das Gefühl, dass sie wertvoll sind und dass es dich als Mann interessiert, wie es ihr geht. Man sollte in regelmäßigen Abständen immer mal wieder fragen, ob sie das Gefühl hat, auch ernst genug genommen zu werden. Der Mann wird sich wundern, was so eine Frage alles auslösen kann.

Ganz wichtig ist es, in einer Beziehung über alles zu reden, sonst geht es irgendwann in die Hose. Woher soll der eine wissen, was der andere will oder gut findet, wenn er es ihm nicht sagt. Kommunikation ist das A und O.

BEISPIEL Beide liegen abends im Bett, sie liest noch ein Buch, und er spielt auf dem iPad ein typisches Männerspiel. Sie denkt sich, schade, dass er schon wieder spielt. Da findet er mich wohl nicht mehr so sexy wie früher, denn da hat er nicht am iPad gespielt, sondern an mir. Er denkt zeitgleich, na toll, da liest sie wieder einen Ratgeber, wie man Kinder besser erzieht, früher hat sie mir die Leviten gelesen. Doch keiner legt mal das Buch oder das iPad weg und fragt ganz offen und ehrlich: »Sag mal, findest du mich denn sexy, ich finde dich nämlich noch toll.«

Wichtig bei dieser nächtlichen Konversation ist immer, zum Schluss etwas Positives zu sagen. Wenn man einfach nur fragt, was los ist, kommt das einem Vorwurf gleich, und der andere fängt sofort an, sich zu verteidigen. Daher ist es ganz wichtig, gegen Ende eine positive Information loszuwerden, und zwar so, dass der andere sie auch versteht. Wenn man aber nicht kommuniziert und einfach weiter sein Buch liest oder mit dem iPad spielt, wird man sich immer weiter entfremden, bis es irgendwann zu spät ist. Man spricht dann klassisch vom Auseinanderleben. Fängt aber einer an, dabei ist es völlig egal, wer, sich für den anderen zu interessieren, wird das Gegenüber dieses wohlwollend aufnehmen, und es kann passieren, dass sie sich iPad nennt und will, dass er jetzt an ihr spielt.

Goldene Regel

Im Bett sollte man nur zwei Dinge machen: schlafen und Sex.

Ich habe mich also mit meinen beiden besten Freunden hingesetzt, und wir haben uns vorgenommen, jeder für sich, ein Thema aus dem Buch »Fifty Shades of Grey« zu adaptieren, sprich, etwas für sich und seine Partnerin auszusuchen und so zu machen, wie es im Buch beschrieben wird. Zumindest nahezu.

Ich habe mich für das Thema **DIRTY TALK** entschieden. Und da ich ein sehr ehrgeiziger Mensch bin, habe ich mich vorbereitet. In jeder freien Minute habe ich geübt, im Auto an der roten Ampel, unter der Dusche oder im Büro, wenn ich allein war. Hätte mich ein Fremder in dieser Situation beobachtet, hätte er sicher Hilfe geholt. Aber es gibt gerade beim Thema »Dirty Talk« nichts Schlimmeres, als es zu verkacken. Denn dann ist es nicht sexy, sondern lächerlich, und der geplante neue Wind im Liebesleben verpufft zu einem laschen Hauch.
Es kam der Tag, an dem ich glaubte, den Rang des Dirty-Talk-Meisters erreicht zu haben. Ich wusste, was ich zu sagen hatte, und ich wusste, in welcher Stimmlage. Denn es ist beim Dirty Talk unbedingt notwendig, etwas versoffener zu klingen. Sollte man klingen wie Willi von Biene Maya, hat man schlagartig verloren. Meine Stimme war angepasst, und die Worte waren zurechtgelegt. Ich fuhr nach Hause, parkte das Auto, ging im Treppenhaus noch mal meinen Text durch, öffnete die Wohnungstür und sah, dass sie mit dem Rücken zu mir in der Küche stand. Ich ging langsam und leise näher. Als ich direkt hinter ihr stand, ihr Parfüm in meine Nase flog, ich die Wärme ihres Nackens spürte, sagte ich in dominanter, versoffener Stimme: **»NA, DU DRECK-SCHLAMPE!!!«**

Was glaubst du, was da los war, sie erschrak, drehte sich ruckartig um, schlug mir den Lappen ins Gesicht und schrie. Ich dachte, das gehöre dazu, so eine Art Balztanz. Unbeeindruckt fuhr ich fort. Schlimmer noch, ich steigerte den Dirty Talk.

ICH: »Ja, gib es mir, du Miststück.«
SIE: »Sag mal, wie redest du denn mit mir?«
ICH: »Wie du es brauchst, dirty bitch!«

Ich muss, glaube ich, nicht erklären, was dann geschah. Der Plan war natürlich zum Scheitern verurteilt. Der Grund dafür ist nicht nur logisch, wenn man es mit etwas Abstand betrachtet, sondern er ist auch psychologisch erklärbar. Man kann das ein bisschen mit einer geplanten Überraschung vergleichen. Zwei unterschiedliche Menschen, auch wenn sie sich lieben, sind immer noch unterschiedlich und nicht im Gehirn miteinander verknüpft. Und sie machen zwei unterschiedliche Sachen zur selben Zeit. Der eine weiß nicht, was der andere tut, und umgekehrt. Jeder befindet sich in seiner momentanen Welt.

Der Mann, in diesem Fall ich, war völlig in der Welt des Dirty Talks. Ich hatte mich Wochen damit beschäftigt, hatte den richtigen Tag für das Experiment ausgesucht und wusste genau, was mein Ziel ist. Den besten Sex zu haben, den ich je hatte, denn schließlich hatte Mr. Grey das auch so gemacht.

Die Frau, in diesem Fall meine Freundin, war in der Küche und machte irgendetwas. Sie wusste nicht, dass ich plötzlich hinter ihr stehen werde und ihr dann nichtsahnend ins Ohr brülle, geschweige denn dass das Gehirn in der Lage war, so schnell die Wörter, die sie sonst noch nie von mir hörte, zu verarbeiten. Jeder hätte sich da erschrocken.

Mein Plan, den besten Sex meines Lebens zu bekommen, scheiterte. Schlimmer noch, sie schlief im Schlafzimmer, und ich durfte das Sofa testen.

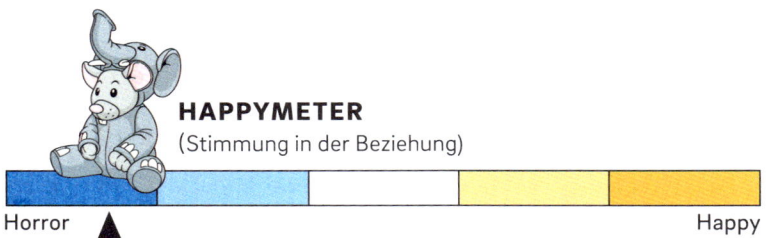

HAPPYMETER
(Stimmung in der Beziehung)

Horror ▲   Happy

Goldene Regel

Nur weil Frauen etwas gut finden, heißt es noch lange nicht, dass der eigene Mann es machen soll.

ECHTE KERLE

Schlimmer erwischte es aber einen meiner beiden Freunde. Er hatte sich für das Thema »Frauen lieben echte Männer« entschieden. Männer, die mit beiden Beinen im Leben stehen, die wissen, was sie wollen, und sich auch durchsetzen können. Männer, die auch aussehen wie Männer und nicht länger im Bad brauchen als die Frauen selbst. Die Zeit des Metrosexuellen ist, glaube ich, vorbei. Frauen wollen keinen Schönling mit Waschbrettbauch, Frauen wollen Männer.

Eine Studie hat ergeben, dass Frauen mehr Wert auf Humor und Verständnis legen als auf Aussehen. An dritter Stelle kam handwerkliches Geschick. Auch das kann man heutzutage bei den Handwerkerpreisen sehr gut nachvollziehen. Langer Rede kurzer Sinn, Frauen lieben **MÄNNER**.

Mein Freund hatte sich also die Aufgabe gestellt, seiner Frau das Gefühl zu geben, dass er ein richtiger Mann ist, ein Mann, der Kraft hat, ein Mann, auf den man bauen kann, ein Mann mit klaren Zielen. Jetzt sollte man eventuell noch erwähnen, dass er von Beruf Beamter der Stadtverwaltung ist und seine Aufgaben darin liegen, im Katasteramt dafür zu sorgen, dass alles Hand und Fuß hat. Er plante den perfekten Abend, zündete Kerzen an, legte eine romantische Musik auf und bereitete sich vor. Es ist wichtig zu erwähnen, dass, auch wenn Frauen mal dominiert werden wollen, der Respekt und die Romantik nicht fehlen dürfen. Nach ein paar Flaschen Rotwein war es endlich so weit. Seine Frau und er waren voll in Fahrt, als er plötzlich seinen Arm hob, aber nicht nur so ein bisschen, nein, volle Möhre nach oben riss und ihn mit voller Kraft auf ihren Arsch klatschen ließ. Die Zeit stand still, die Uhren hörten auf zu ticken, die Hunde in der Nachbarschaft lauschten gespannt, was nun geschehen würde. Sie hielt inne, fixierte ihn und fragte, was das denn gerade war. »Sag mal, hast du mich geschlagen?« Er stotterte etwas vor sich hin, da seine Erwartung gänzlich enttäuscht worden war. Sie raffte sich auf, schaute ihn weiter irritiert an und wurde lauter. »Sag mal, hast du mich gerade geschlagen?« Er verneinte das sofort und schüttelte auch noch kräftig den Kopf. Ich denke eher, dass er in dieser Situation angstgesteuert war, man darf nicht vergessen, dass sie den zweiten Dan im Jiu Jitsu besaß und regelmäßig bei Domenik, dem Kampfsportlehrer in Berlin, trainierte. Sie sprang kopfschüttelnd auf und rief sofort ihre beste Freundin an, die wiederum meine Freundin ist. Bei uns klingelte also das Telefon. Während die beiden sich am Telefon darüber austauschten, dass die eine von ihrem Freund geschlagen und die andere verbal beleidigt wurde, dachte ich nur an meinen Freund. Was wird er jetzt gerade durchmachen? Er wollte doch nur neuen Wind ins Liebesleben bringen, und was hat er gemacht? Einen Sturm gesät.

Goldene Regel

Was einen echten Kerl ausmacht, ist Ansichtssache.

160

BESTE FREUNDE

Doch am schlimmsten hat es meinen anderen Freund erwischt, den Dritten im Bunde. Der Freund, der wie allen Fans bekannt sein dürfte, mit Babsi verheiratet ist. Zu Babsi könnte man ein eigenes Buch schreiben, das würde aber jetzt den Rahmen sprengen. Kurz erklärt, Babsi ist die Frau meines besten Freundes, und ich bin in ihrem Leben das Feindbild. Wenn man sie fragen würde, dann macht mein bester Freund viel mehr mit mir als mit ihr, er fährt lieber mit mir in den Urlaub, und überhaupt finde ich in seinem Leben viel mehr statt als sie. Sie fragt sich nur nicht, warum das so ist. Ich würde sagen, dass es daran liegt, dass ich ihm nicht permanent vorhalte, dass er nie zuhört und ich immer derjenige bin, der alles machen muss. Ganz im Gegenteil, wir verbringen einfach nur Zeit miteinander. Wir wollen einfach nur zusammen hier sitzen, mehr nicht.

Doch so ist das mit der besten Freundin oder dem besten Freund, er oder sie muss oft als Feindbild herhalten. Auch das ist mal wieder psychologisch zu erklären. Wir haben ja bereits einiges über Schuldzuweisung und Eifersucht sowie Frust und dessen Heilmittel erfahren. Sollte also die Beziehung mal nicht so laufen – und ich möchte nicht versäumen, dringend darauf hinzuweisen, dass das überall mal vorkommt –, entsteht Frust, und an diesem Frust muss ja schließlich einer Schuld haben. In der Regel ist das natürlich der Mann, doch sollte sich der Mann gar nicht im Fruststatus befinden, während sie völlig deprimiert durch die Gegend läuft, dann kann es ja nur daran liegen, dass er mit seinem besten Freund Spaß zu haben scheint. Automatisch wird so der beste Freund des Partners zum Feind. Also völlig normales Verhalten, kein Grund zum Streit.

Es gibt keine Beziehung ohne Konflikte, Streitereien oder Momente, in denen es nicht ganz so reibungslos läuft. Das ist normal, und man nennt es <u>Beziehung</u>.

Machen wir weiter mit Babsi und meinem besten Freund. Er hatte sich für das Thema »Reizwäsche« entschieden. Nun muss man dazu sagen, dass Babsi nicht nur prüde, sondern auch noch extrem verklemmt ist. Mein bester Freund zog nun voller Erwartungen los und wollte ein echt sexy Dessous kaufen. Er ging in alle möglichen Geschäfte und wurde mit Fragen überhäuft, die er nicht beantworten konnte.

VERKÄUFERIN: »Welche Körbchengröße hat Ihre Frau denn?«
ER: »Was meinen Sie mit Körbchengröße?«
VERKÄUFERIN: »Na, hat sie eher A, B oder C?«
ER: »Ich nehme B, die goldene Mitte.«
VERKÄUFERIN: »Und welchen Umfang?«
ER: »Was?«
VERKÄUFERIN: »Na welchen Brustumfang? 75, 80 oder 85?«
ER: »Sie ist Anfang 30.«

Schnell merkte er, dass das alles absolutes Neuland für ihn war, und bei uns hatte er schon gesehen, das man ganz schnell etwas falsch machen kann und der beste Sex des Lebens nicht nur weiter wegrückt, sondern womöglich für die nächsten Jahre komplett zerstört werden kann.

Beim Kauf von Unterwäsche ist es wichtig, lieber zu klein als zu groß zu kaufen, zumindest was den Slip betrifft. Beim BH ist es besser, zumindest in Bezug auf die Körbchengröße, etwas größer zuzuschlagen. Der Umfang kann dann aber wieder eher kleiner ausfallen. Ohne Frage ist es am besten, wenn man ihn perfekt kauft, notfalls einfach einen BH und Slip aus dem Schrank nehmen und der Verkäuferin zeigen. Doch das sollte unbedingt gegenüber der Freundin geheim gehalten werden, sonst landet man in einer Diskussion, warum man einer fremden Frau ihre Unterwäsche zeigt.

Goldene Regel
Slip lieber zu klein und Körbchengröße lieber zu groß.

Letztendlich entschied er sich dafür, zu einem Profi zu gehen. Er betrat den Sexshop seines Vertrauens mit dem Namen »Ficki Ficki Bum Bum«. Kaum hatte er den Laden betreten, kam ein schmieriger Verkäufer mit Zigarette im Mund zum Vorschein und fragte, was er denn suche. Nach kurzer Erklärung der Gesamtsituation, der Ergebnisse von mir und unserem anderen gemeinsamen Freund und Erläuterung seines Planes, den besten Sex seines Lebens haben zu wollen und auf keinen Fall etwas falsch zu machen, entschied sich Achim, der Besitzer des schmuddeligen Ladens, seine Frau Marianne zu holen. Sie wäre der absolute Profi in dieser Situation. Als Marianne den Laden nach ganzen 30 Minuten betrat, wusste mein bester Freund, hier kann nichts schiefgehen. Marianne, eine 63-jährige Frau mit eingedrückter Dauerwelle und einem Kleid, das zu seinen besten Zeiten mit Sicherheit für Aufsehen gesorgt hatte, kam den Gang entlang. Als ehemalige Profitänzerin an Stange 17 wüsste sie genau, was er bräuchte. Es dauerte nicht lange, und er hatte das Richtige gefunden. Ein Slip mit relativ hohem Elastananteil in der Farbe Rot sollte es sein. Das Einzige, was ihn kurzfristig wunderte, warum der Slip, obwohl er neu und original verpackt war, unten schon kaputt zu sein schien. Marianne erkannte den zweifelnden Blick und erklärte ihm, dass es sich hierbei um einen Slip handelt, der nicht nur jeder Frau passt, sondern man könnte ihn auch einfach anlassen und trotzdem den besten Sex der Welt haben. Er wusste direkt, was gemeint war, und malte sich schon die Situation aus, wie es denn wäre, wenn Babsi den Slip auspacken würde, ihn anzieht und er seine Fifty Shades abspielen könnte. Der Schlüpfer, wie er ihn liebevoll nannte, wurde sorgfältig und liebevoll als Geschenk verpackt, Marianne und Achim drückten ihm die Daumen, sie tauschten ihre Handynummern aus, da alle Beteiligten wissen wollten, wie es ausgehen würde, und ab ging es nach Hause.

Kaum zu Hause angekommen, zündete er einige Kerzen an, legte seine Lieblingsplatte »Kuschelrock 4« auf und übergab Babsi feierlich sein Geschenk. Doch es kam ganz anders als erhofft. Unabhängig davon, dass Frauen einen neuen Slip eh nicht anziehen würden, bevor er nicht mindestens einmal mit Hygienewaschmittel gewaschen wurde, glich ihre Reaktion auch nicht annähernd der, die Achim und vor allem Marianne für ihn erhofft hatte. Beim Überreichen des Geschenks war alles noch in Ordnung, denn auch Babsi liebt es, Geschenke auszupacken. Sie öffnete feinsäuberlich die Schleife, denn auch die kann man noch einmal wiederverwenden, und riss dann erwartungsvoll das Papier von der Schachtel. Sie öffnete die schwarze Box, und der rote Slip aus 35 Prozent Elastan und 65 Prozent Polyester kam zum Vorschein. Sie nahm ihn aus der Schachtel, hielt ihn mit beiden Händen zwischen Daumen und Zeigefinger und begutachtete ihn ausgiebig. Ihr Blick schweifte nach unten, und sie sagte etwas verwirrt und fragend zugleich, dass sie damit wohl aussehen würde wie eine Nutte. Noch immer von den Worten von Marianne und Achim hypnotisiert, kommentierte er mit heftigen Nicken ihre Worte und sagte schon leicht erregt: »Gut, ne!«

Nichts war gut! Gar nichts war gut. Nachdem Babsi den Slip, nicht ganz so liebevoll zurückgelegt und ihr Telefonat mit meiner Freundin beendet hatte, klingelte es bei mir. Eine Telefonkonferenz mit mir, meinen zwei besten Freunden sowie Achim und Marianne ergab, dass es manchmal besser ist, **EIGENE WEGE** zu gehen, um frischen Wind ins Liebesleben zu bringen. Nur weil es ab und zu heißt, dass Männer eine Hausfrau zu Hause und eine Schlampe im Bett haben möchten, bedeutet es nicht, dass auch Frauen das so sehen. Besser ist daher, mit ihnen zu reden, denn dann erfährt man oft mehr, als einem lieb ist. Denn was ich in meiner langjährigen Beziehung festgestellt habe:

Goldene Regel

Frauen möchten einfach nur genügend Zeit mit dem Partner verbringen. Sie möchten geachtet und respektiert werden, dann kann eigentlich nichts schiefgehen.

12.

Hobbys in einer Beziehung

Neben dem Liebesleben ist auch die **Freizeitgestaltung** in einer glücklichen Beziehung absolut wichtig. Man kann nicht immer nur mit den besten Freunden abhängen, man muss auch mal allein mit seinem Partner etwas unternehmen. Und wenn ich von alleine rede, dann meine ich wirklich alleine, auch wenn man Kinder hat. Das häufigste Problem in einer Partnerschaft ist die mangelnde gemeinsame Freizeit. Entweder der Mann ist permanent beim Fußball, wenn er nicht gerade Überstunden macht, oder die Frau ist nicht mehr Freundin, sondern nur noch Mutter, was ein kleiner, aber sehr feiner Unterschied ist. Beides vergiftet eine Beziehung und führt langfristig zur Trennung, und die möchte man in der Regel ja eher nicht. Daher ist die Freizeit neben der Arbeitszeit, die ja meist von anderen geplant wird, elementar wichtig. Nicht umsonst kann man mittlerweile den Studiengang Freizeitmanagement belegen. Das Wichtigste in der freien Zeit sind die Abwechslung und das Verhältnis der einzelnen Arten der Freizeitgestaltung, von denen es fünf unterschiedliche gibt.
Sie unterscheiden sich wie folgt:

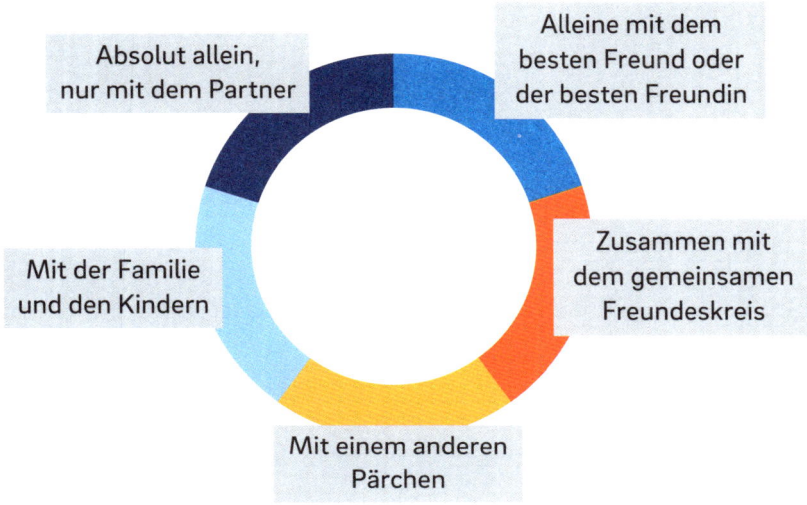

Absolut allein, nur mit dem Partner

Alleine mit dem besten Freund oder der besten Freundin

Mit der Familie und den Kindern

Zusammen mit dem gemeinsamen Freundeskreis

Mit einem anderen Pärchen

ALLEINE MIT DEM BESTEN FREUND ODER DER BESTEN FREUNDIN

Meist ist genau diese Art der Freizeitgestaltung Auslöser für einen Streit. Man(n) und auch Frau neigen hier gern zu Übertreibungen.

»**IMMER** bist du mit deinem Freund unterwegs ...«
»**NIE** machen wir etwas zusammen ...«

Schnell wird es unsachlich, die Argumente werden haarsträubender, und am Ende wird es auch gern mal verletzend. Doch genau das macht den Unterschied zwischen einem guten Streit und einem schlechten Streit aus. Ich persönlich bin sogar der Meinung, dass Streiten absolut wichtig ist in einer Beziehung, er sollte aber sachlich und zielorientiert ablaufen, niemals persönlich oder verletzend. Auch hier entscheidet letztendlich der Empfänger, wie es ankommt. Wenn der eine Partner es doof findet, dass der andere Partner immer mit dem besten Freund oder der besten Freundin Zeit verbringt und nie mit einem selbst, dann sollte er es sagen. Doch wichtig ist, dass man es so sagt, wie es in Wirklichkeit ist. Denn wie wir alle wissen, gibt es kein Immer und auch kein Nie. Wenn man immer Zeit mit seinem besten Freund verbringen würde, wäre man nicht in einer Partnerschaft, und wenn man nie etwas zusammen machen würde, könnte man sich auch nicht streiten.

Wenn man also der Meinung ist, dass das Verhältnis der Freizeitgestaltung nicht ausgewogen ist, dann muss man den anderen dringend darauf ansprechen. Aber auch hier gilt: Kein Streit nach 22 Uhr!

Doch man darf auch nicht vergessen, wie wichtig die Zeit mit dem besten Freund oder der besten Freundin ist. Es heißt ja nicht umsonst: Partner kommen und gehen, beste Freunde bleiben. Die Zeit, die man mit seinem besten Freund, seinem treuen Wegbegleiter, verbringt, ist unbezahlbar. Es ist einfach etwas anderes als eine feste Beziehung, was nicht heißen soll, dass die Zeit mit seinem Partner oder der Familie nicht so wertvoll ist, sie ist halt anders. Und nur weil man etwas in einer bestimmten Situation gut findet, heißt das nicht gleich, dass man das andere automatisch schlecht findet. Nehmen wir mal als Beispiel einen gemeinsamen Urlaub.

Man hat sich eine wunderschöne Finca, mitten im Landesinneren auf Mallorca, gemietet. Das Haus, eine Mischung aus alt und neu, steht auf einem perfekten Grundstück, weit und breit ist kein Nachbar zu sehen. Der Pool und die Ecke fürs Barbecue runden das Domizil in seiner Perfektion ab. Es duftet nach frischen Zitronen und Orangenblüten, der Wind umschmeichelt die von der Sonne gebräunte Haut, leise hört man aus der Ferne einen Esel schreien. Die Frau liegt mit einer hochintellektuellen Zeitschrift »Draufgekloppt, Promis am Abgrund« auf der Liege mitten am Wasserfall, der sich direkt am Kopfende des Pools befindet. Sie legt die Zeitung weg, nachdem sie erfahren hat, wer wen warum geheiratet hat und wer als Nächstes die Kandidaten der neuen TV-Show »Raus aus den Schulden – Promi spezial« sein werden. Sie schaut sich um, genießt mit einem tiefen Atemzug die herrliche Luft und seufzt kurz auf. Sie philosophiert darüber, wie schön es hier ist, fast wie im Paradies. Jetzt gibt es Männer, die sofort anfangen, ihr heimisches Haus, das sie schließlich selber gebaut haben, oder ihre Wohnung, die sie mit Freunden renoviert und umgebaut haben, zu verteidigen. Sätze wie: »Stimmt, ist ganz schön hier, aber der Fernseher ist eigentlich zu klein und auch das Sofa nicht wirklich bequem. Ich hätte auch die Steckdosen ganz anders verlegt, und das Gäste-WC geht gar nicht, das ist viel zu nah an der Küche, da hörst du alles, na ja, so baut man halt in Spanien.«

HAPPYMETER
(Stimmung in der Beziehung)

Horror ▲ Happy

ZUSAMMEN MIT DEM GEMEINSAMEN FREUNDESKREIS

Auch diese Zeit ist nicht nur extrem wertvol , sondern auch dringend notwendig. Sobald man die Freizeit mit seinem gemeinsamen Freundeskreis verbringt, in dem man zu Grillfesten oder Spieleabenden einlädt, entstehen neue Sichtweisen. Man hat wieder etwas, was man als Paar kurz vor dem Schlafengehen besprechen kann. Ein großer Vorteil ist hierbei, dass es sich dabei weder um den einen noch um den anderen Freundeskreis handelt, sondern um den gemeinsamen. Keiner muss diesmal sein Umfeld verteidigen. Man kann gemeinsam abends im Bett über das Erlebte reden. Man kann erneut über Geschehenes lachen und – nachdem alle weg sind – endlich schön lästern.

Wer lästert gerne?

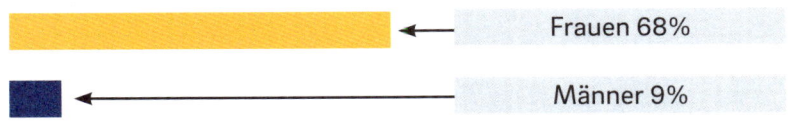

Frauen 68%

Männer 9%

Laut einer Studie lästern 68 Prozent der Frauen gerne, wobei nur 9 Prozent aller Männer diesem Hobby frönen.
Frauen sind viel sensibler und haben permanent ihre Antennen ausgefahren, während Männer nicht einmal sagen können, ob die neue Freundin von einem gemeinsamen Freund eine Brille getragen hat oder nicht – und das lag nicht daran, dass sie eine Oberweite von 80 D hatte und ihr Kleid eher einem Gürtel glich. Frauen hingegen wissen nicht nur, welche Farbe das kurze Röck-chen hatte, sondern sie können dir auch genau sagen, was alles echt ist und was nicht. Von Botox über Lippenkorrektur bis hin zur Brustvergrößerung, denn eins ist doch klar: Die neue Frau in der Runde hat niemals von Natur aus solche Brüste! Frauen bemerken auch als Erstes, wenn der eigene Mann von anderen Frauen begutachtet oder sogar angemacht wird, während Män-ner es noch nicht mal merken würden, wenn die besagte Dame bei ihm auf dem Schoß sitzen würde. Wahrscheinlich würde er dann immer noch behaupten, dass sie sich nur kurz hinsetzen wollte, weil sie leicht unterzuckert war.

Aber auch hier gilt die Aussage von Paracelsus: Die Dosis macht das Gift. Wenn man als Mann seine komplette Freizeit mit dem gemeinsamen Freundeskreis verbringen will, weil es für den Mann einfach lustiger ist, da mehrere Leute da sind, die man auch noch mag, kann das schnell zu einem Konflikt in der Bezie-hung führen. Frauen möchten auch mal etwas in kleiner Runde unternehmen. Denn anders als beim Mann, der es genießt, viele

Menschen um sich zu haben, geraten Frauen bei vielen Gästen automatisch unter Druck. Sie machen sich Stress, da ja nicht nur Männer, sondern auch deren Frauen kommen. Das heißt, die Tischdekoration muss stimmen, die Servietten müssen zu den Tischsets passen, und es muss von allem reichlich vorhanden sein. Während Männer kein Problem damit haben, zu verkünden, dass es keinen Salat mehr gibt oder der Holunderblütensirup leider alle ist und es jetzt nur noch Bier gibt, ist das bei Frauen ein No-Go. Es wäre nicht nur peinlich für die Frau, die bekanntlich alles perfekt machen möchte, sondern es bestünde ja auch die Gefahr, dass die anderen Frauen abends im Bett über sie lästern. Dieser Zustand ist für Frauen nicht hinnehmbar. Denn es muss, wie gesagt, alles perfekt sein.

HAPPYMETER
(Stimmung in der Beziehung)

Horror   ▲   Happy

MIT EINEM ANDEREN PÄRCHEN

Auch diese Art der Freizeitgestaltung sollte man nicht vernach-lässigen. Denn ein anderes Pärchen dient zur Manifestierung der eigenen Beziehung. Man wird in seinen Entscheidungen bestärkt, oder offene Fragen, die man bis zu diesem Zeitpunkt hatte, werden unbemerkt von einem befreundeten Pärchen be-antwortet. Es ist daher dringend ratsam, diese Art der Freizeit-gestaltung häufiger zu wählen als die Zeit mit dem besten Freund oder der besten Freundin, denn die sind meistens parteiisch. Beim Essengehen mit einem anderen Pärchen kann ich das zwischenmenschliche Verhalten der anderen beobachten und sehen, ob meine Beziehung Defizite aufweist oder ob wir nicht doch eine nahezu perfekte Beziehung führen. Denn oft liegt das Problem in der mangelhaften Wahrnehmung. Man ist auf der Suche nach etwas, das man bereits besitzt, was nicht heißen soll, dass man den Partner besitzt, ganz im Gegenteil.

Ich spreche davon, dass es immer wieder zu beobachten ist, wie sich ein Teil der Partnerschaft ungerecht behandelt fühlt oder wie einer von beiden der Meinung ist, es liefe nicht mehr so gut. Das große Problem an diesem Gefühl: Es ist real. Man glaubt wirklich, dass es nicht mehr so gut läuft wie am Anfang. Man ist der Meinung, die »Luft« ist raus. Immer wieder höre ich, wie sich Männer oder Frauen über ihre Partnerschaft beschweren und davon schwärmen, wie gut es andere haben. Doch ich kann dir eins mit absoluter Sicherheit garantieren:

Es ist überall gleich.

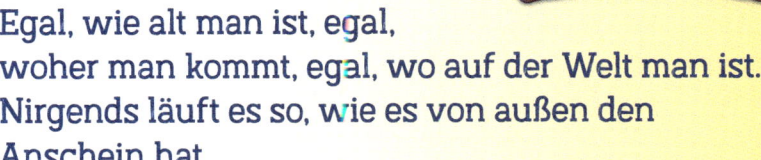

Egal, wie alt man ist, egal, woher man kommt, egal, wo auf der Welt man ist. Nirgends läuft es so, wie es von außen den Anschein hat.

> ... ich könnte
> meine Schwieger-
> mutter umbringen ...

> ... wir haben
> seit drei Monaten
> keinen Sex mehr
> gehabt ...

> »Familie ist ja
> so was Schönes!«

> »Mein Mann ist gerade
> so erfolgreich im Job!«

Wer erzählt auch gerne bei einem Champagnerempfang, dass der Mann das Thema Hygiene anders sieht als die Frau oder dass das Sexualleben gänzlich eingeschlafen ist – und wenn es überhaupt noch Sex gibt, dann vielleicht in der Werbepause zwischen zwei Filmen. Es spricht auch keiner darüber, dass die Schwiegermutter nervt und dass das permanente Ping-Geräusch von WhatsApp, das ertönt, wenn im Family-Chat mal wieder etwas total Wichtiges wie der gebackene Apfelkuchen gepostet wird, einen fertigmacht. Selbst dass der Mann im Unterbewusstsein die ganze Zeit auf dem Sofa zwischen seinen Zehen popelt, bleibt Außenstehenden verborgen. Und das ist der Grund, warum man meist glaubt, dass es bei den anderen viel besser läuft. <u>Um aber auf Nummer sicher zu gehen, müssen Frauen sich überzeugen, denn etwas einfach so zu glauben ist reine Männersache.</u> Darum trifft man sich – und zwar mit einem gleichwertigen Pärchen. Das ist sehr wichtig, denn ich vergleiche ja auch nicht einen Apfel mit einer Birne. Gleichwertig muss aber nicht unbedingt die finanzielle Ebene beinhalten, es geht eher um die Dauer und die Einstellungen zum Thema Beziehung. Da macht es wenig Sinn, wenn man sich als Pärchen, das bereits seit über 20 Jahren zusammen ist, mit zwei Frischverliebten verabredet. Die ersten zwei Jahre sind ja immer toll. Danach hört der Körper auf, gewisse Hormone auszuschütten, und dann gilt es. Dann erst sieht man, ob die ersten zwei Jahre gereicht haben, damit man miteinander leben kann, oder ob man nur in der Kiste lag und danach merkt, dass man eigentlich keine Gemeinsamkeiten hat.

Wenn man ein Pärchen gefunden hat, bei dem all das passt, dann sollte man genau mit diesem gemeinsam essen oder ins Kino gehen und – die Königsdisziplin! – gemeinsam in den Urlaub fahren. Ich kann jedem nur wünschen, dass er ein befreundetes Pärchen hat, mit dem man in den Urlaub fahren kann. Ich gehöre zu den Glücklichen, die das haben. Gut, das liegt natürlich auch an meinem extrem charmanten und lustigen Auftreten, an meiner perfekt sitzenden Adilette am Pool und an der Tatsache, dass ich es schaffe, eine Flasche Bier mit einer einzigen DIN-A4-Seite zu öffnen. Nach solchen Abenden oder auch Wochen mit einem befreundeten Pärchen kommt man nach Hause, schaut sich wortlos in die Augen und ist sich meist einig, dass es gar nicht so schlecht läuft und man ja durchaus schon hat, was man eigentlich immer wollte. Ich finde diese Zeit extrem wichtig. Man sollte nicht warten, bis es zu spät ist. Denn es heißt nicht umsonst: Erst wenn man etwas verloren hat, weiß man, was man eigentlich hatte.

HAPPYMETER
(Stimmung in der Beziehung)

Horror · Happy

> **Goldene Regel**
> # Oft hat man bereits das, was man glaubt, noch suchen zu müssen.

MIT DER FAMILIE UND DEN KINDERN

Diese Form der Freizeitgestaltung ist mitunter die anstrengendste, aber unter dem Strich auch die wertvollste und nachhaltigste. Sind wir mal alle ehrlich, ein Urlaub zu zweit, bevor die Kinder da waren, ohne dass die Schwiegereltern, die man plötzlich Oma und Opa nennt, mitgekommen sind und man einfach nur mit leichtem Gepäck durch die Welt reiste, ist um ein Vielfaches entspannter, als das ganze Gerödel mitzuschleppen (und damit meine ich nicht die Schwiegereltern, geschweige denn die Kinder) und den ganzen Tag der Freizeitberater zu sein. Doch es ändert nichts daran, dass es langfristig die wertvollste Art der Freizeitgestaltung ist, sollte man Familie haben. Alle, die keine Kinder haben oder nicht mit Eltern und/oder Schwiegereltern in den Urlaub fahren, können diesen Punkt hier überspringen. Alle anderen sollten unbedingt weiterlesen.

Wer erinnert sich nicht gerne an den Urlaub am See mit Opa und Oma zurück? Es war für mich als Kind die beste Zeit. Oma gab mir immer 5 Mark, heute wären das knapp 2 Euro 50, doch damals bekam man für 5 Mark noch 'ne ganze Menge, gerade als Kind. Die Pfennigbonbons, wer sich daran erinnert, weiß, was ich meine, hießen ja nicht umsonst so. Auch die Colaflaschen von Haribo oder die weißen Mäuse waren preislich ganz unten angesiedelt, so dass man für 5 Mark eine ganze Tüte davon bekam. Eine Kugel Eis kostete maximal 50 Pfennig, und auch den Liter Benzin bekam man unter einer Mark. Aber nicht nur, dass alles günstiger war, wir hatten auch länger etwas von den 5 Mark, da es keine Abos gab, die man aus Versehen abschließen konnte, und auch Spiele für eine Playstation waren sehr schwer zu bekommen, da sie noch nicht erfunden waren. Ja, es gab mal eine Zeit ohne Handy und Playstation! Doch unabhängig von den 5 Mark, die ich von meiner Oma bekommen habe, und den 5 Mark, die mein Opa mir heimlich in die Hand gedrückt hatte, war die Zeit einfach schön.

Man wurde verwöhnt und verzogen, denn das ist doch die Aufgabe von Großeltern. Für die Kinder, bis zur Pubertät, ist es also ein absolutes Highlight, mit der ganzen Familie Zeit zu verbringen. Auch bei Familienfesten war es immer lustig, wenn alle da waren, Cousins und Cousinen, Brüder und Schwestern. Man hatte Gleichgesinnte um sich herum, und während die Eltern zu »Love is in the air« tanzten, konnten wir gemeinsam die Reste der abgestellten Baileys-Gläser auslecken. Das sind Ereignisse, die man nie vergisst. Aber nicht nur für die Kinder ist die Zeit mit der ganzen Familie wichtig, sondern auch für die eigene Beziehung – darum schreibe ich das hier. Denn wenn die Kinder später mal zusammensitzen und in der Vergangenheit schwelgen, wird man als Elternteil immer einen Platz darin haben. Wenn die Kinder dann mal eigene Kinder haben, werden sie gern zu Besuch kommen, und man kann als Oma oder Opa endlich all das mit seinen Enkelkindern machen, was man mit seinen eigenen Kindern auf keinen Fall gemacht hätte. Abends nach 22 Uhr ruhig noch 'ne Cola trinken, bevor die Eltern von einem Kinobesuch zurück sind und du als Opa oder Oma nach Hause gehen und in Ruhe schlafen kannst. Und was überhaupt nicht unterschätzt werden darf, ist die emotionale Situation der Frau nach einem Familienausflug oder Familienurlaub. Sie freut sich auch mal wieder auf absolute Zweisamkeit.

HAPPYMETER
(Stimmung in der Beziehung)

Horror   Happy

Goldene Regel

Der Mann muss auch mal leiden, schließlich haben Frauen ein unschlagbares Argument: Bekomm du mal ein Kind!

ABSOLUT ALLEIN, NUR MIT DEM PARTNER

Jetzt kommen wir zur Königsdisziplin, weil die Erwartungen zwischen Mann und Frau unterschiedlicher nicht sein könnten. Männer wollen lieber essen gehen, wenn sie mit ihrer Partnerin alleine sind, während Frauen ganz gerne essen gehen. Wie meint der Barth das denn jetzt? Hat der sich vertippt? Liest das denn hier keiner Korrektur? Nein, ich meine es so, wie ich es schreibe, doch leider kann man im geschriebenen Text nur schwer die Betonung wiedergeben. Ich versuche es mal anders: Männer gehen gern etwas essen, während Frauen essen gehen. Für viele Männer ist essen gehen ein Akt der menschlichen Befriedigung. Er hat Hunger, er will was essen, was er auch schnellstens tut, er ist satt und will bezahlen. Das trifft allerdings erst nach dem zweiten Jahr zu.

Am Anfang geht der Mann auch noch essen. Er sucht ein schönes Restaurant aus, bestellt eine Flasche Wein, natürlich gibt es eine Vorspeise, einen Hauptgang und mindestens ein oder zwei Gänge Dessert, die er selbstverständlich bestellt, sie aber »kosten« lässt, da sie eigentlich – wegen der bereits erwähnten Bikinifigur – kein Dessert wollte. Während der Gänge hält er ihre Hand und gibt sich den Anschein, dass er total gerne zuhört und sich selbstredend für all das Gesagte interessiert. Das sieht nach zwei Jahren in der Regel etwas anders aus, zumindest was den Mann betrifft. Daher ist es unbedingt ratsam, dass die Frau das Restaurant aussucht und den Ablauf des Abends bestimmen darf.

Wenn Männer sich aussuchen könnten, wie ein gemeinsamer Abend nur zu zweit aussieht, jetzt wo die Kinder bei Oma und Opa sind und nachts noch Schokolade und Red Bull bekommen, würden sie lieber etwas bei einem Lieferdienst bestellen und

danach einen Film schauen. Doch das wäre nicht wirklich förder-
lich für eine glückliche Beziehung. Frauen dagegen gestalten die
Abende zu zweit viel romantischer. Sie möchten einen unvergesslichen Abend, und du als Mann schuldest ihn ihr.

Viel wichtiger als der schöne Abend ist
allerdings, dass die Frau die Möglichkeit hat,
einmal ganz allein zu bestimmen.
Frauen möchten Entscheidungen treffen,
und das ist auch gut so.

Am auffälligsten ist dieser Wunsch bei einem anstehenden Kinobesuch. Frauen möchten den Film gern aussuchen. Daher ist es
für den Mann ratsam, ihr diesen Wunsch zu erfüllen. Am meisten
Punkte machst du als Mann allerdings, wenn du ihr die Möglichkeit einräumst, noch bevor sie darum bittet. Sprich, du musst als
Mann aktiv werden.

**Wenn Frauen die Möglichkeit bekommen,
etwas selbst zu entscheiden, überlassen sie
am Ende doch dir die Auswahl.**

Oft möchten Frauen nur die Möglichkeit haben, auch wenn sie sie
gar nicht nutzen. Es geht nur um die Wahrnehmung ihrer Interes-
sen und um den Respekt ihr gegenüber. Wir haben ja bereits gelernt: Emanzipation heißt Augenhöhe. In der Psychologie spricht
man gern von den Grundbedürfnissen eines Menschen. Eines der
Grundbedürfnisse neben Essen, Trinken, Schlafen und Sex ist die
Entscheidungsfreiheit. Ich möchte entscheiden dürfen und nicht
fremdbestimmt werden, was leider in gescheiterten Beziehungen rückwirkend oft zu erkennen ist. Auch wenn der Mann oder
die Frau es gut gemeint hat, die finale Entscheidung will jeder für
sich selber treffen, was ja nicht heißt, dass diese Entscheidung
nicht deckungsgleich mit der des Partners ausfallen könnte. Wie
schon gesagt, oft reicht die Möglichkeit. Um das zu erklären, erzähle ich noch eine wahre Jeschichte:

WAHRE JESCHICHTE

Ich sagte meiner Freundin, dass es mal wieder Zeit wäre, dass wir ins Kino gehen, und sie dürfe sich natürlich auch den Film aussuchen.

ICH: »Du darfst dir gerne den Film für heute aussuchen.«

SIE: »Echt?«

ICH: »Na klar, mir geht es ja nicht um den Film, ich will vor allem Zeit mit dir verbringen.«

SIE: »Das hast du aber lieb gesagt, wir können aber gerne auch in einen Film gehen, den du magst.«

ICH: »Nein, alles gut, ich schau doch eh nicht den Film an. Sobald der Film läuft, werde ich dich anschauen und werde dem lieben Gott dankbar sein, dass ich so eine tolle Frau an meiner Seite habe.«

Hier gilt: Es muss ja nicht alles so stimmen. Wir haben ja bereits gelernt, Lügen ist erlaubt. Frauen möchten nicht unbedingt immer die Wahrheit hören, Frauen brauchen einfach auch mal Komplimente.

Menge der Männer, die ihren Frauen respektvolle Komplimente machen

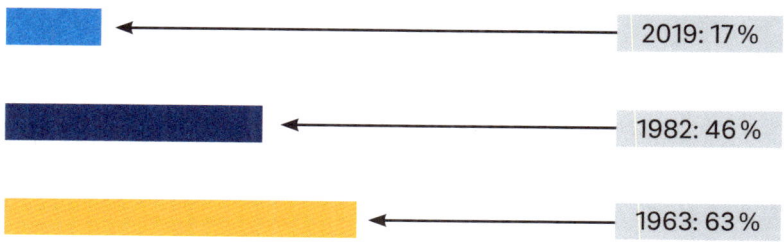

2019: 17 %

1982: 46 %

1963: 63 %

Unter einem **KOMPLIMENT** verstand man damals eine positive Aussage, bezogen auf das Aussehen und die Ausstrahlung der Frau. Heutzutage muss man bezüglich Komplimenten aufpassen, was man sagt, sie können und werden leider auch sehr schnell falsch verstanden. Wobei es ja immer darauf ankommt, welches Ziel ein Kompliment verfolgt.

Goldene Regel
Frauen lieben Komplimente, also mach ihnen welche!

Wir standen also im Flur, Jacke und Schuhe waren schon angezogen, sie hatte nach mehrmaligem Wechsel das richtige Outfit fürs Kino gefunden, und wir wollten gerade los, als etwas ganz Besonderes passierte. Etwas, das bei Frauen häufiger geschieht, wenn man sie denn lässt. Sie entschied sich dafür, dass ich den Film aussuchen durfte. Ich sagte ja, Frauen möchten manchmal einfach nur die Möglichkeit haben. Hätte ich aber von vornherein gesagt, dass wir in den Film gehen würden, den ich toll finde, wäre der Abend ganz anders verlaufen. Doch nun wurde es der schönste und lustigste Abend. Nicht, weil ich mir den Film aussuchen durfte, sondern weil meine Freundin, die by the way echt toll und sehr intelligent ist, etwas startete, was mir mal wieder vor Augen führte, warum ich sie so sehr liebe.

Wie schon gesagt, finde ich meine Freundin nicht nur toll, und das sollte jeder Mann von seiner Freundin sagen und auch meinen, sondern sie hat auch eine sehr süße unvollkommene Art an sich. Ein kleiner Makel ist ja oft etwas, das einen als Menschen ausmacht. Etwas, was man unbedingt positiv betrachten sollte. Auch eine gewisse Naivität ist in meinen Augen eine positive Eigenschaft, selbst wenn sie oft negativ ausgelegt wird. Naiv bedeutet doch nichts anderes, als dass diese Person an das Gute glaubt und sich nicht vorstellen kann, dass etwas auch anders gemeint sein könnte.

Wir standen also im Flur, zum Aufbruch bereit, als meine Freundin mir sagte, dass wir doch in den Film mit dem schwarzen Mann gehen könnten, schließlich sei ich doch ein großer Fan von ihm. Ich stand leicht irritiert im Flur und fragte mich, ob man heute überhaupt noch »schwarzer Mann« sagen durfte, während ich alle meine Lieblingsschauspieler in Gedanken durchging. Sie erkannte meine Ratlosigkeit, als sie mir einen weiteren Hinweis gab. Der schwarze Mann, der so schwer atmete, sagte sie mit leichtem Nachdruck. Ich rätselte weiter, welcher meiner Lieblingsschauspieler nicht nur dunkelhäutig war, sondern augenscheinlich noch an Asthma litt. Sie wurde ungeduldiger und versuchte es weiter. Da wären doch auch noch die anderen – der kleine Grüne und der Typ mit dem Pelz. Jetzt klingelte es bei mir. Sie sprach von Meister Yoda und Chewbacca dem Wookiee, also musste der schwarze Mann, der so schwer atmete, Darth Vader sein, der Vater von Luke Skywalker, der Mann, der durch eine Beatmungsmaschine reden musste, weil er sonst sterben würde. Kein schwarzer Mann mit Asthma!

Ich erklärte ihr, wer Chewbacca ist und dass es sich bei dem »kleinen Grünen« um Meister Yoda handeln würde. Doch meine Freundin wäre nicht meine Freundin, wenn sie die Information bezüglich des ältesten und bestausgebildeten Jedi-Meisters aller Zeiten nicht mit dem Satz »Mir doch egal, was der beruflich macht und ob er da ein Meister ist!« kommentierte. Als ich dann versuchte, ihr zu erklären, dass das weniger mit einem Beruf zu tun hat, sondern dass es sich bei Yoda um einen Jedi-Ritter handeln würde, entschied sie sich plötzlich doch gegen den Film – mit der Begründung, sie möge keine Ritterfilme. Hätte ich einfach meine Klappe gehalten, aber nein, das schaffen wir Männer einfach nicht in solch einer Situation. Anstatt nun »Star Wars« zu genießen, saß ich in einer Mischung aus Tanzfilm, »Titanic« und »Pferdeflüsterer«.

Goldene Regel

Man muss als Mann in der Freizeit auch einfach mal die Klappe halten.

Das Unter-
bewusstsein

Frauen machen viele Dinge in ihrem Unterbewusstsein. Sie merken das nicht, und daher machen sie es nicht mit Absicht. Doch das Unterbewusstsein ist nicht zu unterschätzen, denn es ist maßgeblich für unsere Entscheidungen, unser Gefühl und unser Wohlergehen verantwortlich. Jeder Mensch kennt das, man hat plötzlich so ein Gefühl, man wechselt die Straßenseite, oder man schaut in ein Restaurant, was eigentlich ganz schön aussieht, geht aber trotzdem nicht rein, obwohl es keinen plausiblen Grund dafür gibt.

Manchmal ist diese Eigenschaft sehr nervenaufreibend, ein anderes Mal sorgt sie aber auch für sehr viel Freude, zumindest mit einigem Abstand betrachtet. Meine Freundin macht sehr viele lustige Dinge – in ihrem Unterbewusstsein. Meistens bemerken Frauen das sogar und fragen sich dann selbst, was das denn gerade war. Sie sagen etwas und merken, nachdem die Wörter ihre Lippen verlassen haben, dass das Gesagte überhaupt keinen Sinn macht. Gerne wird diese Situation dann weggelacht oder mit Sätzen unterstrichen wie zum Beispiel: »Ah, ich weiß, dass das gerade Quatsch war, ich wollte eben auch mal lustig sein!«

Es kommt aber auch mal vor, dass Frauen etwas Inhaltsloses sagen und es nicht direkt merken. Dabei handelt es sich in meinen Augen um keine negative Eigenschaft, sondern um etwas ganz Wertvolles. Denn genau solche Situationen machen das Zusammenleben spannend und einzigartig.

WEIBLICHE LOGIK ZUM GERNHABEN

WAHRE JESCHICHTE

Ich war mal wieder als Gast in einer TV-Show eingeladen, auf die ich mich sehr freute. Wir fuhren mit dem Auto Richtung Aufnahmestudio, als sich weit vor uns ein Unfall mit zwei Lkws ereignete. Glücklicherweise nur ein Sachschaden. Doch es kam zu einer Vollsperrung, und mein Auftritt in der besagten Sendung war plötzlich gefährdet. Ich rief den Sender an und informierte ihn, dass ich leider doch nicht kommen könne, da ich in einer Vollsperrung stehen würde. Da es dem Sender total wichtig war, organisierte er einen Hubschrauber, der in der Nähe auf einem

Feld landen würde, um uns abzuholen. Nach einer langwierigen Rangiererei kamen wir schließlich zu diesem Feld. Wir, mein Tourbegleiter und ich, stiegen aus dem Auto und warteten auf den Hubschrauber, als plötzlich meine Freundin angefahren kam, da sie erfahren hatte, dass wir mit einem Hubschrauber fliegen würden. Sie war über die Landstraße zu dem besagten Feld gebrettert, das ihr mein Management mitgeteilt hatte. Ich wusste also, dass ich nach der Sendung noch ein Gespräch mit meinem Management führen musste. In dieser Situation blieb mir aber nichts anders übrig, als mich zu freuen, und wir warteten nun gemeinsam auf den Hubschrauber, der sich langsam am Horizont abzeichnete. Er kam immer näher, das Geräusch der Rotorblätter wurde immer lauter, die Aufregung meiner Freundin stieg. Es war das erste Mal, dass sie mit mir im Hubschrauber fliegen würde. Ein orangefarbener Hubschrauber mit schwarzen Streifen landete gekonnt auf dem Feld. Meine Freundin sah das Fluggerät und sagte voller Aufregung, wie ein Kind zu Weihnachten, dass der Hubschrauber wie ein oranges Zebra aussähe.

ICH: »Wie bitte?«

SIE: »Der Hubschrauber sieht aus wie ein oranges Zebra.«

ICH: »Okay, oder wie ein Tiger!«

SIE: »Könnte auch sein.«

ICH: »Nein, könnte nicht, ist so!«

SIE: »Woher willst du das wissen, du hast den doch gar nicht lackiert.«

ICH: »Er ist in der Grundfarbe orange und hat schwarze willkürliche in eine Richtung lackierte Streifen, die sich zum Ende hin verjüngen, sprich spitzer werden. Ganz wie bei einem Tiger.«

SIE: »Oder wie bei einem orangen Zebra.«

Ungeachtet dessen, dass es keine orangen Zebras gibt, blieb sie unbeeindruckt bei ihrer Meinung. Ich versuchte mit Engelszungen, ihr zu erklären, dass ein Zebra grundsätzlich weiß wäre und schwarze Streifen habe. Ich räumte sogar die Möglichkeit ein, dass es vielleicht auch schwarze Zebras gibt, die weiße Streifen haben. Der Hubschrauber aber war orange mit schwarzen Streifen. Meine Argumente blieben unbeachtet, sie war der Meinung, es handle sich um ein oranges Zebra, und wer kennt die berühmten orangen Zebras nicht? Die sieht man oft im Zoo neben den grünen Elefanten und den blauen Giraffen. Nachdem eine Weile vergangen war, musste sie plötzlich lauthals lachen, schüttelte den Kopf und gab mir mit Tränen in den Augen recht. Allerdings nur bedingt. Sie sagte nicht, dass ich recht hätte, weil es keine orangen Zebras gäbe, sondern sie meinte, dass dieses Tier nicht oranges Zebra heißen könnte, man müsse es **ZIGER** nennen. Eine Mischung aus Zebra und Tiger. Da war mir klar, dass manche Dinge, die am Anfang Verzweiflung auslösen, am Ende für Vergnügen sorgen.

Goldene Regel

Wenn Frauen etwas machen, dann nie mit Absicht. Sie wollen den Mann nicht ärgern, also nicht immer.

Ein weiteres Beispiel für die amüsante Arbeit des Unterbewusst-
seins war der Besuch von Weltstar Patrick Duffy. Die Älteren
unter uns wissen, wen ich meine, für alle anderen: Er spielte die
Rolle von Bobby Ewing in der erfolgreichsten Fernsehserie der
1980er Jahre, »Dallas«. Ich kam also auf die Idee, Patrick Duffy
in meine Fernsehshow einzuladen, und er sagte prompt zu. Um
mich vorzubereiten, schaute ich mir die kompletten Staffeln von
»Dallas« zusammen mit meiner Freundin an. Der Tag kam, als
Patrick Duffy nach Berlin flog, um Gast in meiner Show »Will-
kommen bei Mario Barth« zu sein. Ich sagte meiner Feundin, dass
heute Bobby Ewing käme und ich daher etwas früher ins Fern-
sehstudio fahren müsste. Folgender Dialog entstand:

ICH: »Ich fahre heute früher ins Studio, Patrick Duffy kommt.«
SIE: »Hä, warum das denn?«
ICH: »Na, damit ich ein bisschen mit ihm warm werde.«
SIE: »Du machst das schon seit Jahren, Robbie Williams war doch auch
schon da.«
ICH: »Das hat doch damit nichts zu tun, der kam ja nicht aus Montana.«
SIE: »Hä?«

Jetzt muss man dazu sagen, dass man in Montana, einem Bun-
desstaat im Westen der USA, direkt angrenzend an Kanada, ein
sehr breites, leicht nuscheliges Englisch spricht. Man könnte es in
Deutschland mit dem Urbayrischen vergleichen.

ICH: »Robbie Williams kommt aus England, den verstehe ich besser,
Patrick Duffy kommt aus Montana, da sprechen die Leute sehr
undeutlich. Darum möchte ich etwas früher hin, dann kann ich
mit ihm sprechen und gewöhne mich eher an seinen Akzent. Ist
dann einfacher in der Sendung. Sonst verstehe ich ihn nicht so
gut.«

SIE: »Hä, wir haben ihn doch jeden Abend bei Dallas gesehen, da habe ich ihn doch auch verstanden!!!«

Man muss immer wieder erwähnen, dass das Gesagte, das aus dem Unterbewusstsein kommt, nichts mit dem Stand der Intelligenz zu tun hat. Es steht nicht in direkter Verbindung dazu. Aber auch das ist erlaubt.

Es ist völlig menschlich, dass wir ab und zu Dinge sagen, die überhaupt keinen Sinn ergeben.

Oft ist man mit seinen Gedanken ganz woanders. Man ist in dieser Situation nicht in der Lage oder nicht gewillt, sich rational an die tatsächlichen Gegebenheiten anzupassen. Oft ist es aber auch einfach ein gelerntes Schema, was dann abgerufen wird. Patrick Duffy war in diesem Fall in ihrem Unterbewusstsein als »Bobby Ewing« verankert. Anfänglich war er nur ein Schauspieler, doch je länger man ihn in seiner Rolle sieht, desto mehr identifiziert man den Schauspieler mit seiner Rolle. Das ändert nichts daran, dass er noch immer ein Schauspieler ist. Doch ein guter Schauspieler ist in der Lage, eine Rolle so zu verkörpern, dass ich ihm das nicht nur glaube, sondern denke, er ist die Figur, die er spielt. Ansonsten hätte bei »Titanic« keiner eine Träne vergossen, als Leonardo DiCaprio am Ende im eiskaltem Meer Rose noch mit seinen Augen sagt, dass er sie liebt, bevor er die Tür loslassen muss und stirbt. Zumal die Tür ihn vielleicht ja auch noch getragen hätte und beide bis ans Ende ihrer Tage glücklich mit einem weißen Pferd durch Beverly Hills hätten reiten können.

Das Leben ist nicht immer logisch, und das ist auch gut so. Menschen, die ausschließlich logisch an Sachen herangehen, sind meistens alleinlebend, wohnen mit 50 noch bei Mutti und sind von Beruf gerne Physiklehrer.

Goldene Regel

Du darfst die Logik einer Frau als Mann nicht hinterfragen.

SCHLÜSSELMOMENTE
DES UNTERBEWUSSTEN

Das **UNTERBEWUSSTSEIN** sorgt aber nicht immer nur für lustige Momente, sondern es kann auch dazu führen, dass wir etwas gemacht haben, woran wir uns beim besten Willen nicht mehr erinnern. Etwas irgendwohin gelegt, zum Beispiel. Egal, wie sehr wir die Situation immer wieder durchgehen, wir haben es nicht mehr auf dem Schirm. Teilweise führt das dazu, dass man beinahe verzweifelt. Das ist auch der Grund, warum Eltern, gerne waren es die Mütter, immer wieder gesagt haben, dass man bewusst durchs Leben gehen sollte. Man sollte die Dinge bewusst erledigen, und man sollte auch bewusst leben, zumindest sagt das mittlerweile mein Arzt. Das Unterbewusstsein ist daher etwas Gutes und etwas Schlechtes zugleich. Während man unterbewusst instinktiv handelt, was einen ab und zu vor bösen Überraschungen schützt, sorgt es aber auch für Ängste und Verzweiflung. Gerade eben hatte man doch noch den Autoschlüssel, wo hab ich den denn hin? Ich bin mir doch ganz sicher, dass ich ihn hier auf die Kommode gelegt habe, doch jetzt ist er weg!

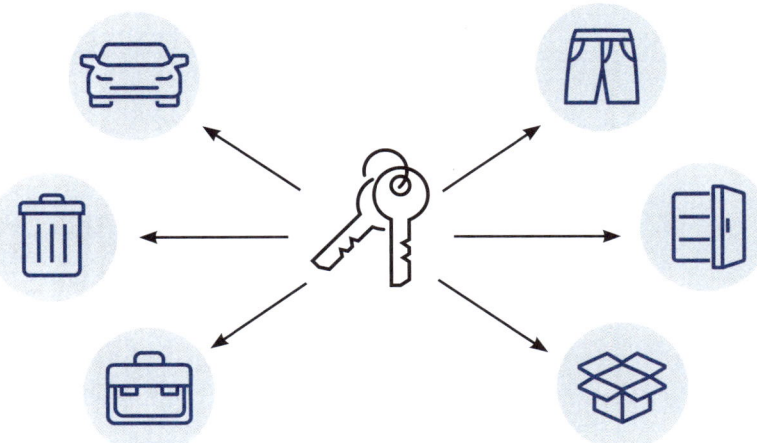

Auch hier haben wir schon gelernt, dass der Mann Schuld hat. Er hat den Schlüssel weggelegt, auch wenn er gar nicht vor Ort war. Schuld hat er trotzdem. Die Schuldfrage ist jetzt zwar geklärt, aber der Schlüssel ist noch immer weg. Um ihn zu finden, muss man sich bewusst konzentrieren und alles Schritt für Schritt durchgehen. Immer und immer wieder. Denn je öfter man diesen Prozess durchlebt, umso mehr Fragmente setzen sich zusammen und ergänzen das Handeln, das zwar unterbewusst stattgefunden hat, nun aber ins Bewusstsein befördert wird. Klingt wahnsinnig kompliziert, ist es aber nicht. Denn man macht nur miniikleine Aktionen im Unterbewusstsein, man spricht auch von sogenannten **SCHLÜSSELMOMENTEN**. Die gilt es zum Vorschein zu bringen. Denn der Rest ist ja bewusst geschehen. Man hat bewusst das Auto geparkt, man ist bewusst ins Haus gegangen, man hat bewusst die Tür geschlossen, und man hat bewusst den Einkauf in die Küche gebracht und nicht ins Schlafzimmer. Doch dieser eine kleine Moment, der Moment, in dem ich den Schlüssel irgendwo hingelegt habe, den habe ich nicht bewusst erlebt. Das kann einen auch mal wahnsinnig machen. Die schönste Situation habe ich erlebt, als meine Freundin ihr neues Auto bekommen hatte.

Warum sie ein neues Auto hatte, kann sich der eine oder andere bestimmt vorstellen, wobei man sagen muss, dass sie diesmal nichts dafür konnte. Sie ist ganz normal gefahren,

Hier gilt
links vor rechts

hatte links vor rechts, und ein anderer ist ihr in die Seite gefahren. Doch, du hast richtig gelesen, sie hatte links vor rechts. Ich kannte bis dahin nur die Verkehrsregel rechts vor links, aber augenscheinlich müssen wir in Berlin eine Kreuzung haben, auf der links vor rechts herrscht. Zumindest hat sie das behauptet, und da ich sie liebe, widersprach ich nicht. Erschwerend kam auch noch hinzu, dass sie gehupt hatte. Jetzt sind wir uns alle einig, dass die Schuld eindeutig nicht bei ihr lag. Doch die Zeiten, in denen ich mich aufrege, weil ein Auto kaputt ist, sind vorbei. Ich bin sehr gut versichert, es ging nur um einen extremen Blech-schaden, und es musste ein neues Auto her. Da die Geduld bei Frauen eher gering ist, hatte ich wenig Zeit.

Bei Frauen muss immer alles sofort erledigt werden. Wörter wie später, gleich, bald oder demnächst bringen sie in Rage.

MÄNNER HABEN GEDULD, FRAUEN ANDERE BEGABUNGEN

GEDULD ist nicht unbedingt eine Stärke der Frauen, wobei sie ganz viele andere Begabungen haben. Man kann das im Alltag gut beobachten, wenn man zum Beispiel abends auf dem Sofa sitzt, einen Film sehen möchte und es sich bequem gemacht hat. Plötzlich kommt es zu einem Gespräch, das zum einen aus heiterem Himmel beginnt und zum anderen nichts mit der momentanen Situation zu tun hat.

SIE: »Wir trinken viel zu wenig.«

Als Profi weiß man als Mann natürlich, dass sie eigentlich Durst hat und du jetzt bitte aufstehen sollst, um ihr etwas zu trinken zu bringen. Aber nicht irgendetwas, sondern genau das, was sie in dieser Situation gern haben möchte. Da du sie ja kennst und natürlich liebst, solltest du auch wissen, was sie in dieser Situation gerne hätte. Aber wir Männer reagieren nicht immer wie ein Profi, auch wir haben ein Unterbewusstsein. Wir sind in dieser Situation mit der Auswahl des Films beschäftigt, was eigentlich ein eigenes Kapitel in diesem Buch verdient hätte. Denn egal was man vorschlägt, es wird verneint. Sie will keinen Ballerfilm, sie will keinen älteren Film, und sie will keinen Film, wo es um Autos und heiße Frauen geht. Nachdem man dann endlich den richtigen Film für sie gefunden hat, dauert es keine 20 Minuten, bis sie schläft und man sich als Mann die Frage stellt, warum man jetzt »Step Up 3D« und nicht »The Fast and the Furious« schaut. Ich war also mitten in der Auswahl und reagierte nicht wie gewünscht, indem ich aufstehe und ihr das Richtige zu trinken bringe.

ICH: »Echt, wir trinken zu wenig? Finde ich gar nicht.«
SIE: »Doch, man muss mindestens drei Liter am Tag trinken.«
ICH: »Okay, sagt wer?«
SIE: »Alle.« (Typische übertreibende Antwort)
ICH: »Okay.«
SIE: »Gerade im Winter, da ist die Raumluft total trocken.«

ICH: »Echt? Okay.«

SIE: »Ja, da ist es noch viel wichtiger, genug zu trinken, da die Schleimhäute sonst austrocknen und die Viren es einfacher haben, sich festzusetzen.«

ICH: »Echt? Ich kann dir gleich was holen.«

Kurze Zeit später steht sie wie von einer Tarantel gestochen auf, geht laut stampfend in die Küche und kommentiert ihre Aktivität mit dem Satz, dass sie sich halt jetzt selber was zu trinken holt, weil ich es ja nicht hinkriegen würde. Kaum war sie am Kühlschrank, bat ich sie, mir doch etwas mitzubringen, denn ich hätte – aufgrund der trockenen Raumluft – auch Durst. Der Abend war gerettet. Ich weiß, es war etwas gemein, aber ab und zu muss man sich in einer gesunden Beziehung auch mal ärgern. Wie hieß es in der Kindheit immer so schön? Was sich liebt, das neckt sich. Man sagt auch, dass kleine Gemeinheiten ein Zeichen von Zuneigung sind. Ich spreche hier aber wirklich von **KLEINEN** Gemeinheiten. Doch eins ist ganz klar, Geduld ist nicht ihre Stärke, und genauso war es auch beim Warten auf das neue Auto. Wir erinnern uns, ihres war aufgrund von links vor rechts kaputt. Hier also noch eine wahre Jeschichte …

WAHRE JESCHICHTE

Ich rief also meinen Autoverkäufer an, um zu erfragen, was er denn für Modelle mit was für einer Ausstattung vorrätig hätte, da sie ja am nächsten Tag das Auto brauchte. Ich nahm mein Telefon und versuchte, mit ihm zu telefonieren. Die Betonung liegt auf »versuchte«. Denn sobald ich zu reden anfing, flüsterte sie mir lauthals, unterstützt von komischen Gesten, wirres Zeug ins Ohr, bis ich nach Minuten herausfand, was »… ehhhy … schhhhht

... ehhhhey ... aandehhhfaaaabeehhh ... schhhhht ... ehhhey ... ok ...
aaannndööö ... schhhhht ... nich die alte ... schhhhht ... ehhhhey ...
aaaaandeeeeehhhhe okay ... okay ... okay!!!« bedeutete. Sie wollte
eine andere Farbe. Wenn also ein neues Auto, dann endlich auch
die Farbe ihrer Wahl ungeachtet dessen, dass sie ja gar nicht
wissen konnte, was für Autos überhaupt vorrätig waren. Das war
ihr egal, Hauptsache andere Farbe. Ich gab die Info weiter und
sagte meinem Autodealer, er solle bei Sonderausstattungen unter
Punkt a wie Andere Farbe einen Haken machen. Kaum hatte die
Befriedigung bei meiner Freundin eingesetzt, ging die Wunsch-
liste weiter.

> Sitzheizung Klima
> großes Navi Ledersitze
> Dosenhalter Schiebedach
> Sitzkühlung Soundpaket
> und und und ...

Ich sagte meinem Autoverkäufer, dass ich ihr gleich zurückrufen
wollte, da ich hier erst mal was klären muss, was ich auch tat. Ich
sagte ihr, wie sehr ich sie liebe und dass sie natürlich alle Wünsche äußern könnte, dass es aber nur zwei Wege gibt, ein neues
Auto zu kaufen. Wenn du das Auto morgen haben möchtest,
müssen wir nehmen, was es bereits gibt. Wenn sie aber all ihre
Wünsche erfüllt haben möchte, plus Traumfarbe, müssten wir

ein komplett neues Auto konfigurieren und dafür drei bis sechs Monate warten. Die einzige Reaktion auf meine plausibel erklärte Info war, dass ich schließlich Mario Barth wäre und bestimmt einfach nur dort anrufen müsste – dann bauen die mir heute so ein Auto, genau so, wie ich es haben will. Ich überlegte kurz, wie ich mit dieser Situation umgehen könnte, denn egal wer du bist, wenn es das Auto, das du haben willst, noch nicht gibt, kannst du es auch nicht kaufen. Ich entschied mich für den sarkastischen Weg, schlug mir mit der flachen Hand leicht auf die Stirn und wiederholte ihre Aussage, dass ich ja schließlich Mario Barth bin und da jetzt noch mal anrufe und denen so dermaßen den Arsch aufreiße, dass ich gefälligst morgen das Auto für meine Prinzessin bekomme. Sie nahm mich nach der Aussage in den Arm, küsste mich und sagte: »So lieb ich den Tiger!«

Ich ging in mein Büro, rief den Autohändler Volker an und fragte, ob er ein Auto mit der maximalen Ausstattung habe, egal, was drin ist. Als er dieses bejahte, bat ich um die Farbe Weiß! Ungeachtet der Tatsache, dass das nicht ihre Traumfarbe war. Nach langem Hin-und-her-Telefonieren hatte er ein Auto mit vollem Paket, größter Motorisierung und in Weiß gefunden. Ich bat ihn, es morgen anzumelden und bei uns vorbeizubringen. Nach dem Telefonat ging ich ins Wohnzimmer, wo meine Freundin bereits gespannt wartete.

SIE: »Und?«
ICH: »Ich habe da gerade noch mal angerufen und denen gesagt, wer ich bin.«
SIE: »Und?«
ICH: »Die haben weltweit alle Produktionsbänder angehalten, weil sie auf meine neuen Infos warten, damit du morgen dein Traumauto bekommst.«

SIE: »Echt? Und?«

ICH: »Ich habe denen gesagt, ich bin Mario Earth, und wenn ich morgen nicht das Auto bekommen würde, dann platzt der Mond. Dann haben sie gefragt, was für ein Auto und welche Ausstattung. Daraufhin habe ich gesagt, aufgrund der Frechheit, dass ihr nicht sofort wusstet, dass ich Mario Barth bin, möchte ich als Entschädigung ein Auto mit Vollausstattung. Dann haben die Idioten noch gefragt, welche Farbe, na da bin ich ja völlig ausgerastet und habe gefragt ob sie noch ganz dicht sind, welche Farbe, welche Farbe, was denn wohl, weiß natürlich.«

SIE: »Weiß?«

ICH: »Ja, weiß. Die haben auch gefragt, warum weiß. Da habe ich gesagt, meine Freundin ist ein Engel, sie muss mit einem weißen Auto fahren.«

Man muss nur wissen, wie man es richtig verkauft. Das Auto wurde wie abgemacht geliefert, während ich mit meinem Freund und Kollegen Paul Panzer voll in Aktion war und eine neue Geschichte für meine Sendung »Mario Barth deckt auf« – die Steuerverschwendersendung – drehte. Mitten im Dreh klingelte mein Telefon. Wir sind uns alle einig, wenn die Freundin anruft, muss man wenigstens kurz rangehen, könnte ja was passiert sein, was diesmal auch der Fall war.

ICH: »Und, wie ist das neue Auto?«

SIE: »Kaputt.«

ICH: »Was, echt jetzt, was war es diesmal, link vor links?«

SIE: »Nein, ist eher was mit der Elektrik.«

ICH: »Warum, was ist denn?«

SIE: »Sobald ich fahre, macht das bing bing bing.«

ICH: »Bitte???«

SIE: »Ja, sobald ich fahre, bimmelt das Auto.«

Nun sind wir Männer ja problemlösungsorientiert. Ich versuchte, mit einigen Fragen herauszufinden, was es sein könnte, quasi eine Ferndiagnose. Doch dafür benötigt man korrekte Aussagen. Wichtig ist auch zu erwähnen, dass die Fragen ausschließlich der Fehlerfindung dienen und nicht gestellt werden, um die Frau zu ärgern.

ICH: »Ist eventuell die Handbremse noch angezogen?«

SIE: »Ich bin doch nicht bescheuert!«

ICH: »Das habe ich auch nicht gesagt. Ich versuche nur herauszufinden, was es sein könnte.«

SIE: »Keine Ahnung, was fragst du mich? Ich rufe dich doch deswegen an!«

ICH: »Okay, verstanden. Brennt denn vorne eine Lampe?«

SIE: »Wo?«

ICH: »Vorne, brennt vor dir irgendwo eine Lampe?«

SIE: »Wooooo denn???«

ICH: »Na vorne, brennt da irgendwo vor dir eine Lampe, das musst du doch sehen?«

SIE: »Ich fahre 50 km/h, ich steig doch nicht aus und schaue, ob vorne die Lampen brennen!!!«

Ach, machen das Frauen gar nicht? Hab ich nicht gewusst, wir Männer steigen ja gern mal bei 50 km/h aus, rennen 70 km/h und schauen, ob vorne die Lampen an sind!

ICH: »Im Armaturenbrett. Vorne, wo du draufschaust, wie schnell du fährst. Leuchtet da eine Lampe, will ich wissen.«

SIE: »Ja.«

ICH: »Okay, welche?«

SIE: »Eine Lampe.«

ICH: »Was für eine Lampe leuchtet da denn, welches Symbooool?«

SIE (noch genervter): »Eine Lammmmmmmpppppeeeee.«

ICH: »Fahr zur Werkstatt, das Auto ist kaputt, ich kümmere mich darum.«

Ich rief den Werkstattleiter an, um ihm zu sagen, dass meine Freundin gleich käme, das neue Auto sei kaputt. Er versicherte mir, dass er das Auto heute früh persönlich gecheckt hätte, und da war es tadellos. Ich bat ihn darum, das Auto aufzubocken, eine Stunde Pause zu machen, es wieder runterzulassen und dann zu sagen, dass es sich um einen Computerfehler handelte und ein Update draufgespielt wurde, dann wäre meine Freundin zufrieden. Bei Frauen muss immer irgendetwas sein, sonst sind sie nicht glücklich. Sie fuhr hin, wartete über eine Stunde, und ich konnte mit meinem Freund Paul weiter drehen. Kurz nachdem sie den Hof der Autowerkstatt verlassen hatte, klingelte erneut mein Telefon.

ICH: »Und, was haben sie gesagt?«

SIE: »Die waren froh, dass ich da war, war ein Computerfehler, haben ein Update gemacht, hätte noch mehr kaputtgehen können.«

ICH: »Na, ein Glück.«

SIE: »Ja, aber kaum bin ich eine Kreuzung weiter, bimmelt es schon wieder. Ich werde verrückt, es macht immer bim bim bim.«

Ich sah keine andere Möglichkeit und bat sie, zum Drehort zu kommen, damit ich mir das selbst mal anschauen konnte. Als sie kam, setzte ich mich zu ihr auf den Beifahrersitz, und wir fuhren los. Was soll ich sagen? Es hat nichts gebimmelt. Es war einfach weg. Sie war total begeistert und fragte, was ich gemacht hätte. Ich beteuerte, dass ich einfach ein toller Mann bin und den kleinen Fehler ganz einfach repariert hätte. Sie fuhr wieder weg, und ich ging weiter arbeiten. Keine zwei Minuten später klingelte wieder das Telefon.

SIE: »Schatz, sei nicht böse, ich weiß, du musst arbeiten, aber es macht wieder bim bim bim, bitte hilf mir.«

Ich bat sie erneut, diesmal doch etwas genervt, zu mir zu kommen. Kaum war sie da, fragte ich, was sie anders gemacht hätte, als zu dem Zeitpunkt, als ich mit im Auto saß. Sie konnte sich aber an nichts erinnern. Nach langer Überlegung schlug ich ihr vor, dass ich einfach neben dem Auto, mit geöffneter Beifahrerscheibe, herlaufen würde, um zu hören, ob etwas klingelte. Sie solle aber bitte keine 50 km/h fahren, so schnell bin ich nicht mehr. Sie fuhr los, und ich rannte, sie fuhr etwas schneller, und ich blieb dran. Da hörte ich es plötzlich auch. Bim, bim, bim … Ich schrie, dass sie stehen bleiben soll, und das nicht nur, weil ich konditionell bereits am Ende war, sondern weil ich den Fehler gefunden hatte.
Ich schaute ins Auto, schaute sie an und fragte, wie schwer denn ihre Handtasche wäre, die auf dem Beifahrersitz stand. Da die Tasche knapp 11 Kilo wog, dachte das Auto, da sitzt einer und ist nicht angeschnallt. Sie lächelte mich an und sagte nur: »Schatz, danke, dafür liebe ich dich!« Da machst du als Mann nichts mehr.

Goldene Regel

Frauen muss man nicht verstehen, man muss sie lieben.

14.

Fehler
sind erlaubt

Nicht nur ich bin überzeugt davon, sondern auch viele Psychologen, die ich bezüglich dieses Buchs konsultiert habe, geben mir recht, wenn ich sage, dass Fehler nicht nur erlaubt sind, sondern dass sie auch immer eine neue Chance bieten. Eigentlich sind Fehler genau die Dinge, die etwas besonders machen. Und wer möchte nicht, dass seine Beziehung besonders ist? Ich hatte ja schon darüber geschrieben, dass die Intelligenz nicht immer im Zusammenhang mit bestimmten Handlungen steht. Natürlich hat man von manchen Dingen keine Ahnung, aber auch das ist absolut erlaubt. Ich erlebe es immer häufiger, dass Menschen ein Problem damit haben, etwas mal nicht zu wissen. Sie haben Angst davor, dass man das als Schwäche auslegen könnte. Doch sollte man nicht gerade in einer Partnerschaft so sein, wie man ist? Natürlich sollte man das! Es redet doch jeder darüber, dass es das Wichtigste sei, so zu sein, wie man ist, und sich bloß nicht zu verstellen. Wenn man aber plötzlich mal so ist, wie man ist, dann kommt der eine oder die andere eventuell nicht damit klar. Zum Beispiel wenn einer anruft und fragt, ob er stört. Wenn du in diesem Moment der Meinung bist, dass es so ist, und ihm oder ihr das so sagst, dann ist der andere meist irritiert.

DAS WAR DOCH NICHT MIT ABSICHT!

Jeder will, dass man ehrlich ist, aber kaum einer verträgt das. Doch was hat das mit Fehler machen zu tun? Eine ganze Menge, denn wenn man einen Fehler macht, ist das in der Regel ein ehrlicher Akt. Fehler werden, gerade in einer Beziehung, ja nicht absichtlich gemacht. Darum ist das Argument von Frauen, sie hätten es nicht mit Absicht gemacht, völlig überflüssig. Denn davon gehe ich immer aus.

Auf Fehler kann man unterschiedlich reagieren, aber wenn wir mal ehrlich sind, wäre eine Reaktion, die dazu führt, dass dieser Fehler in Zukunft nicht mehr gemacht wird, die beste. **Welche Reaktion könnte das sein?**

Das ist ganz einfach. Grundsätzlich haben wir bis jetzt gelernt, dass es egal ist, wer Schuld hat. Es ist auch egal, warum dieser Fehler gemacht wurde, und es ist auch wenig ratsam zu hinterfragen, wie blöde man denn sein muss, um so einen Fehler zu machen. Jeder kennt das aus seiner Kindheit. Wir haben alle Fehler gemacht, und genau die haben uns zu dem gemacht, was wir heute sind. Solange man aus den Fehlern lernt, waren die Fehler zumindest nicht umsonst. Eltern neigten dann dazu, sich mit dir zu vergleichen, was einfach nicht funktioniert, und mit stundenlangen Moralpredigten zu nerven. Wie kann man nur so doof sein? Was hast du dir denn eigentlich dabei gedacht? Stell dir mal vor, ich würde so etwas machen??? Gerne wurde auch gesagt, was passieren würde, wenn jeder das so machen würde.

Es gibt eine Untersuchung die sagt, wenn jeder Mensch plötzlich nach Australien gehen würde, würde die Erde in eine Unwucht geraten, und es könnte sein, dass sie dann aus der Umlaufbahn fliegt. Ungeachtet dessen, dass in Australien gar nicht so viel

Platz für alle Menschen dieser Erde ist, vergisst man auch, dass es Menschen gibt, denen es schlichtweg zu warm wäre und die auch keine Lust haben, so weit zu reisen. Also wird diese Wahrscheinlichkeit wahrscheinlich **NIE** eintreffen.

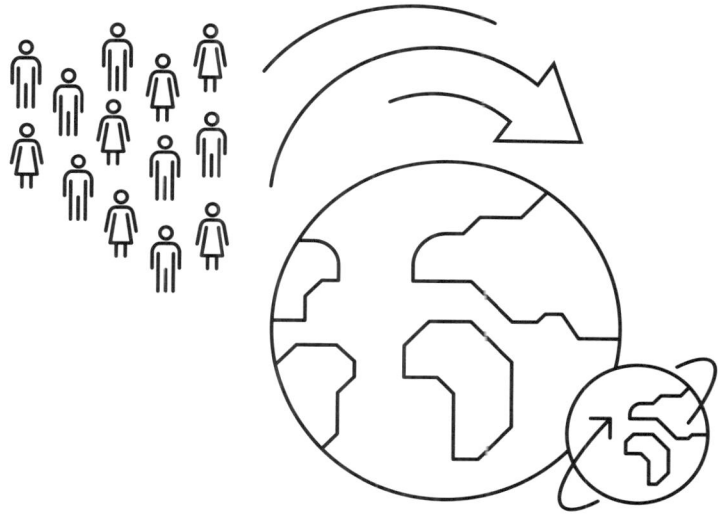

Wenn also ein Fehler gemacht wird, sollte man diesen in erster Linie analysieren und versuchen, individuell mit der Person, die den vermeintlichen Fehler begangen hat, auf einen Nenner zu kommen. Beide sollten der Meinung sein, dass es sich um einen Fehler handelt. Es nützt nichts, wenn nur ein Beteiligter glaubt, dass es ein Fehler ist. Darum hört man in der Paartherapie auch öfter mal, dass einer der Partner gar nicht weiß, was er falsch gemacht hat. Doch genau das ist die Lösung. Erst wenn beide sich einig sind, dass etwas schiefgelaufen ist, kann man einen Weg suchen, wie man das zukünftig vermeidet. Den Partner aber mit anderen oder sich selbst zu vergleichen ist weniger zielführend und bringt meist noch mehr Ärger.

FEHLER SIND SÜSS

Doch warum ist die Anzahl der vermeintlichen Fehler **ZU HAUSE** viel höher als woanders? Es liegt am Zuhause! Das soll jetzt nicht heißen, dass man ausziehen muss, um in Harmonie zu leben, aber das Haus, sprich mein Zuhause, ist mein sicherer Rückzugsort. Dort kann ich endlich so sein, wie ich nicht nur will, sondern wie ich wirklich bin. Erst wenn man das geschafft hat, wird eine Wohnung oder ein Haus, ein Zelt oder eine Hütte ein wahres Zuhause. Und das ist witzigerweise auch der Grund, warum Kinder zu Hause oft ein ganz anderes Benehmen an den Tag legen als woanders. Das musste ich mir immer von meiner Mutter anhören, wenn sie mich fragte, warum ich denn zu Hause nicht so sein könnte wie bei Opa oder wenn Besuch da ist. Die Antwort ist ganz einfach: Woanders benehmen wir uns, weil es verlangt wird. Doch dieses Benehmen erfordert Aufmerksamkeit und Disziplin. Je häufiger man sich woanders benimmt, desto leichter fällt es einem, aber im Unterbewusstsein verbraucht dieses Handeln Energie. Wir würden uns nie bei anderen so benehmen wie zu Hause, auch wenn es einem oft angeboten wird. Ich möchte aber gerne mal die Blicke sehen, wenn ich plötzlich nur noch mit Unterhose auf dem Sofa sitze und der Frau des Gastgebers sage, dass sie echt sexy aussieht in dem, was sie anhat, denn das passiert bei mir zu Hause schon ab und zu. <u>My home is my castle</u>, sagt man ja auch. <u>Bei mir zu Hause kann ich endlich sein, wie ich bin.</u>

Jetzt darf man **ZU HAUSE** nicht nur auf die Wohnung oder das Haus begrenzen, in dem man wohnt, sondern zu Hause kann auch das Hotel sein, in dem man mit seinem Partner ist. Es kann auch der Urlaub sein, den man gerade macht, und es kann das Auto sein, in dem man gerade sitzt. Das ist witzigerweise auch der Grund, warum die Hausratversicherung zum Teil für den Inhalt in einem Kofferraum zuständig ist.

<u>Zu Hause ist da, wo du bist, hat meine Freundin mir mal gesagt.</u> Doch das heißt nicht, dass ich auch physisch dabei sein muss. Der Gedanke an mich reicht schon, damit ein gemachter Fehler seine Daseinsberechtigung bekommt und meine Freundin das Argument benutzen kann, dass sie ja quasi zu Hause war. Ihr merkt selbst, mit Frauen zu diskutieren ist nicht einfach, sie sind einfach besser.

WAHRE JESCHICHTE

Wir ihr ja bereits wisst, hat meine Freundin ein neues Auto bekommen, wegen eines in ihren Augen völlig zu Unrecht so be-
zeichneten Verkehrsvergehens. Das neue Auto hat, wie von ihr
indirekt gewünscht, eine Vollausstattung, sprich auch eine Navigation der ganz neuen Generation. Man muss nicht mehr Ort
oder Straße eingeben, sondern dieses Navi hat eine Sprachsteuerung.

Was auch noch ganz wichtig für diese Geschichte und unbedingt
erwähnenswert ist, meine Freundin ist nicht nur sehr hübsch,
sondern sie hat auch eine verdammt gute Ausbildung. Sie hat ein
Diplom, das für jeden sichtbar bei uns im Flur hängt, und sie ist
in ihrem Job schon fast die Beste, wenn nicht sogar die Beste der
ganzen Welt oder des Universums. (Wir sollten wieder beachten,
dass auch sie das Buch lesen wird.) Kurzum, sie ist echt intelligent. Ich bin bei uns der mit der Realschule. Während sie Wahr-
scheinlichkeitsrechnung hatte, beschäftigte ich mich mit plus und
minus, mal und geteilt.

Wir saßen eines Abends zusammen in ihrem neuen Auto und
wollten zu einem Italiener fahren, den sie neu in der Social-
Media-Welt entdeckt hatte. Der Italiener hatte eine Top-Bewer-
tung, und die Kommentare wiesen darauf hin, dass es da total
tolle Nudeln gibt. Also nicht so normale Nudeln, sondern so absolut tolle megahammer Nudeln. Nudeln, die man noch nie zuvor
gegessen hat. Diese Nudeln würden also so toll schmecken, dass
wir da unbedingt hinmussten. Ich habe, ehrlich gesagt, noch nie
einen Mann gesehen, der bei einem Italiener Nudeln bestellt,
diese dann leidenschaftlich auf seiner Gabel dreht, in seinen
Mund steckt und langsam und genüsslich mit Kauen beginnt, bis

seine weit vor Entzücken aufgerissenen Augen die Geschmacks-explosion par excellence wiedergeben. Einen Mann, dessen Zunge in der Lage ist, all die Kräuter und Zutaten zu erfassen, um letztendlich den Unterschied zwischen Frischeinudeln und Hartweizengrieß zu erklären. Männer würden einen frittierten Schwamm essen, wenn er mit Schinken und Käse gefüllt wäre. Doch meine Argumente zählten nicht. Wir mussten zu diesem laut Social Media besten Italiener.

Die Straße kannten wir beide nicht, und nun erlebte ich einen der lustigsten Momente in meinem Leben. Sie wollte gerade den Ort und die Straße eingeben, als ich sie erinnerte, dass sie doch ein Auto mit Vollausstattung habe und ihre Navigation eine Sprach-navi sei. Sie schaute mich ungläubig an, reagierte dann aber doch wohlwollend, als sie mein zustimmenden Nicken sah. Ich wieder-holte, dass die Navigation mittels Sprache bedient werden kann, und dachte in keiner Sekunde etwas Böses. Es entsprach ja der Wahrheit. Keiner hätte ahnen können, was nun passierte. Sie führte ihren rechten Arm nach oben zum Anschnallgurt, den sie bereits nach dem Einsteigen angelegt hatte, umschloss ihn mit ihrer Hand und lockerte die Spannung des Gurtes. Dann beugte sie sich leicht in Richtung des Armaturenbrettes, in dem sich der Monitor des Navigationssystems befand. Als sie immer dichter mit ihrem Mund am Bildschirm klebte und ihre Lippen sich bereit machten, etwas zu sagen, fragte ich verwundert, was sie denn vorhabe.

SIE: »Du hast gesagt, meine Navigation ist eine Sprachnavigation.«
ICH: »Ja und?«
SIE: »Na ja, hier ist doch der Monitor.«
ICH: »Das sehe ich, aber was hat das damit zu tun?«
SIE: »Das ist ja das Navi, also muss ich doch da reinreden.«

Ich habe lange überlegt, ob sie mich eventuell verarschen will, was ich in diesem Moment echt süß gefunden hätte, denn eine glückliche Beziehung kann das vertragen. Dann fragte ich erneut, was sie denn vorhabe. Sie beteuerte ihre Absicht, das Navi mit ihrer Sprache zu füttern, schließlich kannten wir beide die Straße nicht, und es wäre besser, wenn die Navigation uns führt. Ich bemerkte, dass sie es ernst meinte.

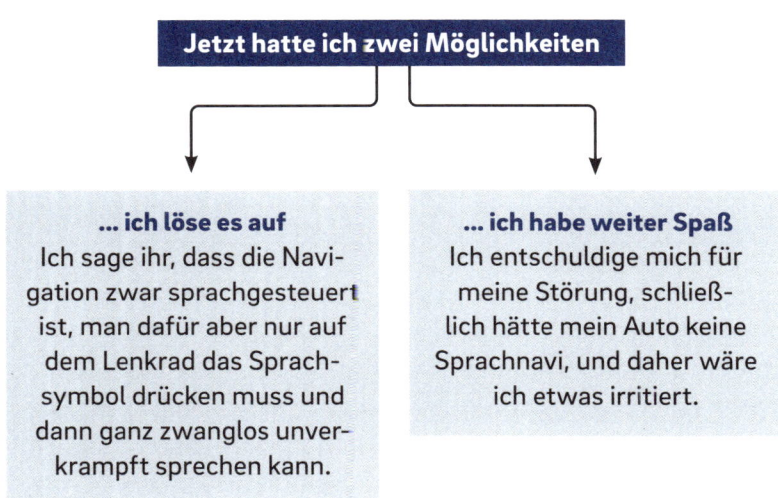

Jetzt hatte ich zwei Möglichkeiten

... ich löse es auf
Ich sage ihr, dass die Navigation zwar sprachgesteuert ist, man dafür aber nur auf dem Lenkrad das Sprachsymbol drücken muss und dann ganz zwanglos unverkrampft sprechen kann.

... ich habe weiter Spaß
Ich entschuldige mich für meine Störung, schließlich hätte mein Auto keine Sprachnavi, und daher wäre ich etwas irritiert.

Ich entschied mich für weiteren Spaß und entschuldigte mich für meine Störung.

Sie löste erneut die Spannung des Anschnallgurtes, beugte sich dicht an den Monitor und sagte eher zart und leise den Straßennamen: »Schlüterstraße!« Es geschah nichts. Sie richtete sich wieder auf, drehte sich zu mir Richtung Beifahrersitz und fragte leicht verstimmt, ob ich sie verarschen wollte. Wenn du jetzt als Mann nein sagen würdest, wäre es gelogen. Gut, jetzt habe ich relativ am Anfang des Buches ja geschrieben, dass Lügen erlaubt ist, aber nicht in jeder Lebenslage. In dieser Situation hätte es am Schluss eher dazu geführt, dass sie echt sauer gewesen wäre, denn das Lügen wäre der dominante Part in diesem Streich gewesen. Also sagte ich auf die Frage, ob ich sie verarschen wollen würde lediglich, dass das Auto eine Navigation mit Sprachsteuerung hat. Somit hatte ich nicht gelogen, gut, ich habe die Frage auch nicht richtig beantwortet, aber das kennen wir ja vom Job und der Politik. Sie schaute mich daraufhin fragend an und wartete auf eine Lösung. Ich sagte ihr, dass sie ja schon sehr leise gesprochen hätte und dass sich das Navi ja hinter einem dicken Sicherheitsglas befinden würde, damit es bei einem Unfall auf keinen Fall zu Schaden käme. Sie müsste es eventuell lauter versuchen. Ich gebe zu, ich dachte, jetzt macht es Klick bei ihr, und sie bemerkt, dass ich sie veräppelt habe, dem war aber nicht so. Sie wurde einfach lauter und brüllte die Schlüterstraße schon förmlich ins Display. Nichts geschah!

Jetzt wurde meine von mir sehr geschätzte Freundin unruhig und leicht genervt. Mit verstärkter Stimme verlieh sie ihrer Aussage, dass ich sie wohl verarschen würde, mehr Kraft. Auch jetzt wäre ein Abstreiten eine glatte Lüge gewesen, daher versuchte ich weiter, skurrile Vorschläge zu machen in der Hoffnung, sie bemerkt die nett gemeinte und für mich bis dahin lustige Verarsche. Fragend verweilte ihr Blick in meinen Augen in der Erwartung einer von mir präsentierten Lösung. Nachdem ich kurz überlegt hatte, sagte ich ihr, dass das Auto ja auch in Amerika verkauft wird und die dort ja gar nicht den Buchstaben Ü haben, der in Schlüterstraße vorkommt. Sie könnte ja mal versuchen es mit UE auszusprechen. Spätestens jetzt dachte ich, dass sie mit der rechten Hand zur Faust geballt ausholen und mir in die Seite boxen würde. Dann würden wir gemeinsam lachen, und alles wäre gut.

Doch leider traf nichts von alldem ein. Sie beugte sich wieder nach vorne und schrie in einer ohrenbetäubenden Lautstärke die Straße mit UE in das Navi, das selbst der Bordcomputer kurzfristig dachte, er müsse diese Aufgabe übernehmen. Ich konnte nicht mehr und musste lauthals lachen, was dazu führte, dass sie endlich mit Sicherheit wusste, dass ich sie verarscht hatte. Ich muss zugeben, dass sie sehr sauer war. Als wir dann aber bei unserem Italiener angekommen waren und sie die besten Nudeln der Welt gegessen hatte, war alles wieder gut, und abends im Bett lachten wir dann gemeinsam. Manchmal ist ein bisschen zeitlicher Abstand wichtig, um zu erkennen, dass eine Verarsche in keiner Sekunde böse gemeint war.

Goldene Regel

Jeder hat das Recht, verarscht zu werden, auch der Partner.

KREATIVE VERWECHSLUNGEN

Fehler sind nicht immer etwas Schlechtes. Sie haben oft etwas sehr Erfrischendes und machen das Leben spannend. Wenn man also überhaupt von einem weiteren Fehler sprechen kann, dann ist es die Tatsache, dass Frauen ganz gerne mal etwas verwechseln. Gut, werdet ihr jetzt denken, eine Verwechslung kann jedem mal passieren, was soll das mit Fehlern zu tun haben? Ich meine auch nicht das Verwechseln an sich. Sondern es ist so, dass eine Frau, die etwas verwechselt, selbst wenn sie die Verwechslung irgendwann bemerkt, eher an dem Gesagten hängt und festhält als der Mann. Ich denke, das liegt daran, dass wir Männer meist falsch reagieren. Sollte die Frau mitten in ihrer Argumentation bemerken, dass sie etwas verwechselt hat, und es direkt zugeben, ist die Wahrscheinlichkeit sehr hoch, dass wir Männer uns mehr an ihrem Fehler erfreuen und das Thema an sich aus den Augen gerät. Das ist wohl der Grund, warum Frauen es einfach durchziehen. Zumal sie das auch perfekt beherrschen. Meine Freundin ist so gut in der Behauptung von Dingen, dass ich gar keine andere Chance habe, als ihr zu glauben. Wobei das in der Regel nur in den Bereichen funktioniert, in denen ich mich überhaupt nicht auskenne. Doch selbst in Situationen, in denen man sich eigentlich ganz sicher ist, gelingt es den Frauen immer wieder mit Nachdruck, Energie und gut klingenden Argumenten, einen davon zu überzeugen, dass alles anders ist als gedacht.

WAHRE JESCHICHTE

Ich war mit meiner Freundin und einem befreundeten Pärchen im Berliner Zoo. Den kann ich jedem nur empfehlen. Die Sonne schien, und wir genossen nicht nur die parkähnliche Anlage, sondern nutzten die Zeit auch, um über Gott und die Welt zu reden. Ich holte für alle ein Eis, ich hatte ein Cornetto Erdbeere, was mich extrem an meine Kindheit erinnerte. Langer Rede kurzer Sinn, es war ein perfekter Tag. Wir schlenderten also gemeinsam durch den Zoo. Ich blieb etwas länger bei den Erdmännchen stehen, die ich sehr süß und interessant finde. Auch in Bezug auf das Zusammenleben in einer Gruppe sind die Erdmännchen uns Menschen um Lichtjahre voraus. Das sagte ich auch meiner Freundin. Erdmännchen beherrschen eine klare Art der Kommunikation, die ich mir auch manchmal für unsere Beziehung wünschen würde. Das war von mir jetzt nicht wirklich schlau, wo doch der Tag bis dahin perfekt war. Sie fing sofort an nachzuhaken, was ich denn damit meinte. Ich versuchte, ihr das soziale Verhalten der Erdmännchen zu erklären. In einer Not- oder Gefahrensituation kommt es bei ihnen nie zu Missverständnissen, während es bei uns Menschen genau in diesen Situationen davon nur so wimmelt. Ich zitierte einige Filmbeispiele, in denen der Mann, der Sheriff oder der Geisterjäger ganz klar sagt, dass die Frau nicht in den Keller gehen solle oder dass sie auf keinen Fall die Tür öffnen dürfe. Doch jeder, der mal solche Filme gesehen hat, weiß, die Tür wird geöffnet, und in den Keller geht sie auch. Ungläubig und leicht verstört schaute mich meine Freundin an und fragte, was das mit den Erdmännchen zu tun hätte. Ich erklärte ihr, dass die Erdmännchen immer einen Wächter bestimmen, der auf dem höchsten Punkt sitzt und den ganzen Tag schaut, ob ein Feind sich nähert. Ist ein Feind zu sehen, gibt er drei Laute von sich, und alle anderen Erdmännchen rennen in ihre unterirdischen Bauten, ohne die Warnung ihres Kollegen zu hinterfragen.

Wäre meine Freundin aber ein Erdmännchen und ich der Wächter, könnte ich rufen, solange ich will. Sie würde dastehen, in den Himmel schauen und sich fragen, wo denn der Feind ist. Das liegt daran, dass Frauen einem Mann einfach nichts glauben. Sie hinterfragen in der Regel alles – und daher fände ich es schön, wenn Frauen sich von der Natur eine Scheibe abschneiden könnten.

Als ich das gesagt hatte, war mir die Tragweite meines Vergleichs noch nicht bewusst. Wir gingen weiter und blieben bei den Pinguinen stehen. Ich muss zugeben, dass ich ein großer Fan von diesen Tieren bin. Ich finde sie einfach echt cool. Meine Freundin aber hatte sich den ganzen Weg dorthin schon darauf vorbereitet, meine Erdmännchen-Theorie zu widerlegen. Wir standen also bei den Pinguinen, als sie mich fragte, ob ich denn grundsätzlich der Meinung wäre, dass Menschen sich eine Scheibe von der Tierwelt abschneiden könnten. Da ich mit meinem Gedanken immer noch bei den Erdmännchen war, dachte ich, sie spricht von meiner Geschichte, und bestätigte meine Aussage. Sie ergänzte, dass wir Männer uns dann ja nicht ändern müssten. Ich war verwundert, aber eigentlich positiv überrascht, dass sie es so sah. Doch was ich nicht bemerkte – sie hatte mir eine Falle gestellt. Ich sag ja, Frauen sind viel schlauer als wir. Diese Aussage diente nicht nur dazu, mich in Sicherheit zu wiegen, sondern sie benutzte sie, um sich eine Rampe für ihre Theorie zu bauen. **DIE PINGUIN-THEORIE.** Ich muss zugeben, dass ich diese Theorie auch nicht kannte. Meine Freundin stand vor mir und sprach in einem sehr ruhigen, aber bestimmten Ton, dass Pinguine ihr Leben lang treu wären. Wenn sie einmal einen Partner gefunden haben, bleiben sie bis zum Lebensende mit ihm zusammen. Sie würden niemals fremdgehen. Auf die Frage, woher sie das wüsste, antwortete sie mir, dass sie eine Tier-Doku darüber gesehen habe, in der ein

217

Kameramann das erzählt hätte. Jetzt habe ich mir die Hinter-
fragung verkniffen, woher der Kameramann das denn so genau
wüsste, wir Männer würden doch auch nicht fremdgehen, wenn
man uns gerade mal filmen würde. Doch darum ging's in diesem
Moment ja nicht.
Ich musste also blitzschnell entscheiden: Will ich recht haben,
oder will ich einen schönen Tag verleben? Ich nahm sie also in
den Arm und nannte sie meine Pinguinkönigin. Wie schon gesagt,
Frauen wollen nicht immer die Wahrheit, sie wollen Harmonie.

Gut gelaunt ging es weiter, bis wir den nächsten Stopp bei den
Nilpferden einlegten. Das Becken der Nilpferde in Berlin ist besonders schön. Man kann eine Treppe runtergehen und steht vor
einer Glaswand. Von dort aus kann man den Tieren unter Wasser zusehen. Ich stand mit meiner gutgelaunten Freundin Arm in
Arm vor der Scheibe, als plötzlich ein Nilpferd vorbeigeschwom-
men kam. Sie war außer sich, sie war begeistert, schon nahezu
euphorisch. Wild auf meine Unterarme einhämmernd, sagte sie
immer wieder verblüfft, dass diese Tiere ja schwimmen können.
Das wäre eine Sensation, und wir hätten so ein Glück, live dabei
zu sein. Ich stand völlig unbeeindruckt vor dem Panzerglas, da mir
nicht bewusst war, was für eine Sensation es sein sollte, ein Nilpferd schwimmen zu sehen. Ich denke sogar, dass der Zoo damit
gerechnet hatte, sonst hätten sie doch nie diesen Aufwand betrie-
ben und eine Panzerglasscheibe eingebaut, wo man die Möglichkeit bekommt, unter Wasser zu schauen. Ich beglückwünschte
sie und wollte irgendwann weitergehen, als sie mich festhielt und
fragte, ob mir bewusst wäre, was hier gerade vor unseren Augen
passiert. Ich versuchte, ihr nahezulegen, dass ein Nilpferd ja wahrscheinlich so heißt, weil es im Nil lebt, zumal man auch gerne
Flusspferd sagt und auch das den Eindruck erwecken könnte, dass

das Tier eine Affinität zum Wasser hat und daher wahrscheinlich auch schwimmen kann. Ich stehe ja auch nicht völlig erstaunt mit dem Blick zum Himmel am Markusplatz in Venedig und schrei immer wieder, wie toll es ist, dass die Tauben fliegen.

Meine Freundin war aber anderer Meinung, und mir war in diesem Moment klar, dass sie sich irrt und eventuell etwas verwechselt. Als Gentleman gab ich ihr die Möglichkeit, das Gesagte zu revidieren. Vielleicht verwechselst du da was, sagte ich. Aber sie schüttelte nur den Kopf und belästigte Unbeteiligte mit der Tatsache, dass ich mal wieder nichts mitbekommen würde und es nicht zu schätzen wisse, was wir da gerade Tolles gesehen hätten. Die Laune war im Keller. Ich versuchte, die restliche Zeit zu nutzen, um sie wieder anzuheben, also die Laune, doch je mehr ich sagte, desto schlimmer wurde es. Ich redete mit Engelszungen und versuchte, ihr plausibel zu erklären, dass Nilpferde wirklich im Wasser leben, doch sie war der Meinung, dass diese Tiere eigentlich niemals schwimmen würden. Sobald wir zu Hause sind, würde sie es mir beweisen. Nach dem Zoobesuch gingen wir alle noch etwas essen, und die Laune war wieder im Normalbereich.

Kaum waren wir zu Hause angekommen, rannte sie ins Wohnzimmer und rief mich immer wieder zu sich. Wild mit einer Blu-Ray »Die Erde« in der Hand wedelnd, wies sie mich darauf hin, dass ich mich jetzt warm anziehen könnte, denn jetzt würde sie mir beweisen, wie ignorant ich mal wieder sei. Ich bin ehrlich, ich war sehr gespannt. Die Blu-Ray wurde eingelegt, und mit einer seltenen Art der Vorfreude spulte sie Kapitel für Kapitel vor. Jetzt geschah etwas ganz Eigenartiges. Aufgrund ihrer Tonart, ihrer selbstsicheren Sprachwahl und ihrer absoluten Überzeugung zweifelte ich plötzlich kurzfristig selbst und ließ die Wahrscheinlichkeit zu, dass sie eventuell doch recht haben könnte, obwohl ich zu 100 Prozent sicher war, dass Nilpferde schwimmen können. Dann war es so weit, die Blu-Ray war an der richtigen Stelle. Gespannt schauten wir beide auf den Bildschirm. Wir trauten uns kaum zu atmen, man hörte förmlich die Spannung, die in der Luft lag. Dann rannte plötzlich ein Tier in einer wahnsinnigen Geschwindigkeit durchs Bild. Ich schaute immer noch gespannt auf den Fernseher in der Hoffnung, dass gleich die Nilpferde kommen würden, doch meine Freundin sprang auf und hüpfte vor Freude. Ich saß völlig perplex auf dem Sofa und wunderte mich, was geschehen war, dass sie sich so freut. Sie hüpfte und tanzte im Wohnzimmer, wie das Rumpelstilzchen und sagte immer wieder: »… haste gesehen … hahaaaaaa … hatte ich wohl recht … schwimmt nicht … rennt durch die Steppe … ich wusste es.«

Ich schaute zu ihr, sie zu mir, ich wieder auf den Bildschirm, dann wieder zu ihr. Mein Gesichtsausdruck war erst völlig regungslos, bis ich plötzlich auf dem Sofa vor Freude zusammengebrochen bin. Ich stand auf, nahm sie in den Arm und sagte ihr liebevoll, dass dieses Tier gerade kein Nilpferd war, sondern ein Nashorn!!! Jeder würde jetzt denken, dass sie es auch erkennen und dann darüber lachen würde, dass sie sich geirrt beziehungsweise etwas verwechselt hat. Doch wie habe ich schon am Anfang dieses Kapitels geschrieben?

Auch wenn eine Frau realisiert, dass sie etwas verwechselt hat, bleibt sie gern bei ihrer Meinung.

Auch hier gibt es jetzt für den Mann, in diesem Fall für mich, nur zwei Optionen.

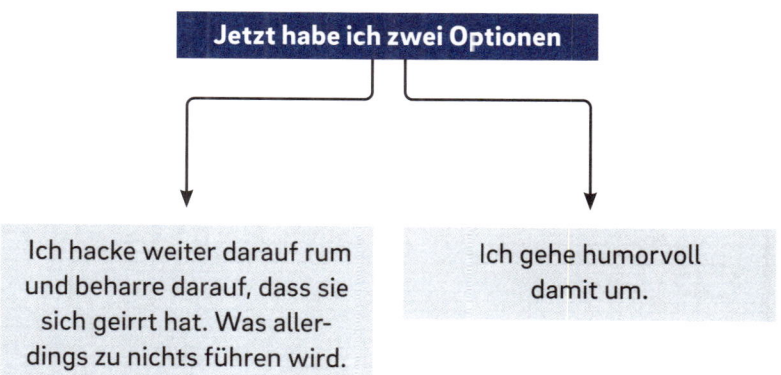

Jetzt habe ich zwei Optionen

Ich hacke weiter darauf rum und beharre darauf, dass sie sich geirrt hat. Was allerdings zu nichts führen wird.

Ich gehe humorvoll damit um.

Ich weise noch einmal liebevoll darauf hin, dass das Tier im Zoo ein Nilpferd war und das Tier in der Doku ein Nashorn. Als sie dann schnippisch sagte, dass das doch ein und dasselbe wäre, entschied ich mich für eine humorvolle Auflösung der angespannten Situation. Ich schlug mir mit der flachen Hand an die Stirn und gab ihr recht. Das im Zoo war ein Nashorn, doch beim Schwimmen müssen die ihr Horn abnehmen, da es nicht nass werden darf. An diesem Tag wurde ein neues Tier geboren, der **Hipporhino**.

Goldene Regel

Glück und Zufriedenheit sind wichtiger, als recht zu haben.

Liebe ist ein Star

Es gibt ein bekanntes Sprichwort: Bist du ein Star, dann mach dich rar. Doch was bedeutet das in der Liebe? Gerade am Anfang einer Beziehung ist es nicht immer einfach zu wissen, was richtig ist und was falsch. Gibt man zu viel Gas, heißt es nachher noch, man enge den anderen ein, macht man aber zu wenig, heißt es eventuell, man interessiere sich nicht genug für den anderen. Fragen über Fragen!

- Ab wann kann ich Geschenke machen, und wie sollten die Geschenke ausfallen?
- Wie oft sollte ich sagen, dass ich sie liebe?
- Was sollte ich als erstes Weihnachtsgeschenk kaufen?

Wichtig, wie bei allem, ist immer die **DOSIERUNG**. Egal ob beim Eis, beim Alkohol oder bei der Liebe. Doch bevor es um die richtige Dosierung geht, muss unbedingt gesagt werden, dass Taktieren in der Liebe keinen Platz hat. Ganz nach dem Motto: Ich habe jetzt schon dreimal angerufen, jetzt muss der andere anrufen, sonst könnte er denken ...??? Doch was könnte er oder sie denken? Dass ich denjenigen oder diejenige liebe, dass ich sie begehre, dass ich es kaum erwarten kann, die Stimme, die ich so mag, zu hören? Sollte das mal ein Problem sein, dann weiß man mit ziemlicher Sicherheit, dass derjenige eh der Falsche gewesen wäre.

Sollte man wirklich das
tiefe Bedürfnis haben, jemanden, den man mag,
anzurufen, dann sollte man das auch tun.
Denn wenn du deiner Liebe sagen willst, wie
sehr sie oder er dir fehlt, dann mach es. Wenn es
ehrlich gemeint ist, wird es auch so ankommen.

WENN SIE ZU GUT FÜR DICH IST

Die Liebe oder das Führen einer Beziehung wäre längst nicht
so schwer, wenn das alles wäre. Denn auch wenn man es ehrlich meint und einfach sehr emotional ist, könnte der Partner es
falsch verstehen und anders reagieren als erwartet. Man spricht
dann gerne davon, dass ein Mensch zu gut für einen war. Das gibt
es wirklich. Es ist quasi zu schön, um wahr zu sein. Ich kenne das
aus meiner eigenen Beziehung. Ich habe eine echt tolle Freundin,
die täglich versucht, mich glücklich zu machen. Sie weckt mich
mit frischem Kaffee, backt morgens eigene Brötchen in Herzform, und auch mein Cappuccino trägt mein Gesicht in Form von

Latte-Art. (Ihr wisst schon, meine Freund n liest das Buch doch auch!) Aber mal ganz ehrlich, am Anfang war ich etwas irritiert, als meine Freundin fragte, wie mein Tag war, als sie plötzlich reagierte und gewisse Dinge wegließ oder ergänzte, um unsere Beziehung harmonischer zu gestalten. Sie hörte mir zu, und vor allem merkte sie sich, was ich sagte. Ihr war es von Anfang an wichtig, dass wir gemeinsam glücklich sind. Da sitzt man dann schon ab und zu da und fragt sich, wo denn da der Haken ist. Gut, alle meine Fans wissen, dass es immer und überall Haken gibt. Interessant ist, ob der Haken einen wirkl ch stört. Man darf nicht immer alles so ernst nehmen. Ich werde zwar von meiner Partnerin verstanden, habe aber im Gegenzug einen hohen Verschleiß an Leichtmetallfelgen. ☺ Man kann nicht alles haben.

Aber Spaß beiseite, jeder hat es schon mal irgendwo gehört, dass jemand zu gut für den anderen war. Dabei ist es schwer zu verstehen, wie etwas Gutes zu einer Trennung führen kann. Doch wenn das Gute zu häufig vorkommt, wenn das Nette zu oft gesagt wird und wenn die Zuneigung zu dominant wird, bekommt der andere vielleicht keine Luft mehr, fühlt sich eingeengt und möchte sich befreien, oder er merkt gar nicht mehr, was der Partner für ihn alles macht.

Denn auch das ist immer wieder zu sehen: dass der Partner sich quasi den Arsch aufreißt und der andere es nicht zu schätzen weiß. Das kann an zwei Sachen liegen. Zum einen kann es sein, dass es sich bei der Person einfach um ein Idioten handelt, einen arroganten hochnäsigen Charakter, der gerne mal bei Love Island zu finden ist, oder er beziehungsweise sie hat sich bereits daran gewöhnt, positive Impulse vom Partner zu bekommen.

Goldene Regel

Das Verhältnis zwischen positiven Impulsen und Zeit muss stimmen.

DIE MACHT DER GEWOHNHEIT

Wir kennen das alle aus der Kindheit. Zu meiner Zeit gab es noch nicht so oft Coca-Cola zu trinken, oder man bekam nicht bei jedem Furz ein Überraschungsei geschenkt. Es war etwas ganz Besonderes. Man hat sich richtig darauf gefreut. Heute kann ich Coca-Cola trinken, bis ich umfalle, aber es bereitet mir längst nicht mehr so viel Freude. Ich habe mich quasi daran gewöhnt. Auch das Thema Schokolade war damals ein anderes. Ich habe mein Ü-Ei langsam und genüsslich aus dem Alupapier gepellt, dann habe ich es von allen Seiten betrachtet. Dann habe ich die beiden Halbschalen mit einem leichten Druck an den Rändern geöffnet und das Ei vorsichtig auseinandergenommen. Das gelbe Ei mit der Überraschung wurde erst mal beiseitegelegt. Ich hatte eine Hälfte der Schokolade zwischen Daumen und Zeigefinger, hielt die Nase ganz dicht an den Teil der weißen Schokolade und nahm einen tiefen Zug. Das Wasser lief mir bereits im Mund zusammen. Ich biss ein Stück ab, schloss meine Augen und genoss es einfach nur. Damals habe ich bestimmt über eine halbe Stunde damit verbracht, dieses Ü-Ei zu essen. Heute muss man aufpassen, dass man das gelbe Plastik-Ei nicht aus Versehen mit runterschluckt.

Genau dasselbe ist heute immer mehr zu beobachten, wenn es um das Thema »essen gehen« geht. Früher sind wir einmal im Jahr essen gegangen. Man hat sich voll darauf gefreut. Meist gab es nur ein Getränk, das man sich einteilen musste, aber es war spannend und aufregend zugleich. Heute geht man halt essen, tippt auf seinem Smartphone rum und verliert kein Wort. Es ist nichts Besonderes mehr. Sobald etwas nicht mehr rar ist, gewöhnen wir uns daran und nehmen es für selbstverständlich hin. Sollte diese Selbstverständlichkeit dann nicht erfüllt werden, sind wir unzufrieden. Und gerade an etwas Schönes gewöhnt sich der Mensch leider sehr schnell.

Das Gleiche sieht man heute bei den Geschenken. Egal ob in einer Beziehung oder innerhalb der Familie: Geschenke gab es in der Regel zum Geburtstag, zu Weihnachten und wenn du Glück hattest, eine Kleinigkeit zu Ostern. Heute gibt es Kids, die bekommen zu Ostern ein iPhone, zum Nikolaus ein iPad und zu Weihnachten die Firma Apple. Ich war mal live dabei, als ein Vater seiner Tochter zum 18. Geburtstag einen 1er-BMW geschenkt hat.

Anstatt sich aber zu freuen, meckerte sie rum und sagte, dass sie sich ein 3er Cabrio gewünscht hat, denn mit dem kleinen Auto wäre es ja nicht nur peinlich in der Eliteschule, man könne es im Sommer auch gar nicht öffnen. Jetzt kann man sich total über das verzogene Mädel aufregen, aber ist wirklich sie das Problem? Ich saß da, nahm das Mädel beiseite und riet ihr, den Papa und die Mama ganz doll zu drücken, denn wäre sie meine Tochter, würde sie ab dieser Aktion mit Bus und Bahn fahren. Danach ging ich zu ihrem Vater, der ernsthaft in Erwägung gezogen hatte, das Auto zu tauschen, und sagte ihm, dass ich total enttäuscht wäre, sogar entsetzt, geradezu sprachlos, dass seine Tochter nur **EIN** Auto bekommen hätte – es gäbe ja schließlich Sommer **UND** Winter. Es wäre doch unverantwortlich von ihm, seine Tochter im Sommer mit einem geschlossenen Auto fahren zu lassen. Er könnte doch bitte zwei Autos kaufen, so schwer wäre das ja nun bei seinem Einkommen nicht. Das Schlimme daran war, dass er nicht bemerkte, dass ich ihn verarsche. Doch was sagt uns dieses Beispiel?

Wenn ich am Anfang einer Beziehung zu viel Gas gebe, habe ich irgendwann keine Luft mehr. Die ist dann sprichwörtlich raus aus der Beziehung. Wenn ich den Maßstab am Anfang viel zu hoch hänge, kann ich in der Zukunft nur noch verlieren.

Doch warum gebe ich am Anfang so viel Gas, warum lege ich die Latte so hoch? Die Erklärung ist ganz einfach: Man ist am Anfang hochmotiviert und tierisch verliebt. Man ist nicht vernünftig, man ist hormongesteuert. Das Zusammenspiel der Hormone und der Angst, dass ich das, was ich gerade habe, verlieren könnte, ist wie die Verbindung von Nitro und Glycerin, eine echt gefährliche Mischung. Deshalb machen Mann und Frau oft Dinge, die für einen Außenstehenden übertrieben wirken. Doch man selber merkt das nicht, man ist ja mittendrin im Orkan der Gefühle. Nun bedarf es eines gesunden Freundeskreises, der einen sanft und vorsichtig darauf hinweist, dass man vielleicht etwas zu viel Gas gibt. Ich als Freund mache das regelmäßig, auch wenn es bedeutet, dass mein Freund kurzfristig irrational sauer auf mich ist. Das muss man dann aushalten. Darum ist er ja mein Freund. Sobald aber der Normalzustand wieder eingetreten ist, wird er oder sie dankbar sein, dass man etwas gebremst hat.

**Denn zu viel des Guten
geht meist langfristig in die Hose.**

Ich sprach zu Beginn des Kapitels davon, dass in einer glücklichen Beziehung kein Platz für taktisches Verhalten ist, doch wenn einem das sogenannte Fingerspitzengefühl dafür fehlt, ob etwas zu viel oder zu wenig ist, kann einem die folgende Formel helfen.

Sprich, je länger ich mit einer Person zusammen bin, desto häufiger sollten Impulse ankommen, die für das Ausschütten von Glückshormonen zuständig sind. Am Anfang ist die Häufigkeit der Impulse weniger relevant, da man ja noch voll verliebt ist und eh alles toll findet und daher viele Aktionen einfach verpuffen würden. Sie werden kaum wahrgenommen, da man zu dieser Zeit auf Wolke sieben schwebt. Besser ist es abzuwarten, bis die rosarote Brille von beiden abgesetzt wurde. Dieses wird nach etwa zwei Jahren Beziehung geschehen. Wenn es dann so weit ist, werden die Impulse auch wahrgenommen und erfüllen ihren Zweck. Man spricht auch im Volksmund gerne davon, dass man nicht gleich am Anfang das ganze Pulver verschießen sollte.

Am Anfang der Beziehung

Nach zwei Jahren

In den ersten zwei Jahren ist es wichtig, die Grundsteine für eine glückliche Beziehung zu legen. Deshalb **MUSS** man gerade am Anfang sagen, was man will und was nicht. Sollte es etwas geben, was wirklich stört, dann ist genau jetzt der Zeitpunkt, dieses anzusprechen. In den ersten zwei Jahren sind die Partner offener für Veränderungen. Sie gehören ja quasi zum neuen Leben dazu. Das wurde auch schon besungen: »Eine neue Liebe ist wie ein neues Leben.« Nachdem die zwei Jahre um sind, wird es von Jahr zu Jahr schwieriger, den anderen Menschen zu verändern. Und Argumente wie »Das hat dich doch vorher auch nicht gestört!« werden zu Recht vorgetragen.

Bemerkt man aber am Anfang zu viele Dinge, die einen stören, sollte man auch das akzeptieren und vor allem darauf reagieren. Man erspart sich dann eine langwierige und emotional hoch aufreibende Trennung. Denn je länger die Beziehung war, desto mehr Lebenszeit hat man gemeinsam verbracht und desto mehr hat man auch zu verlieren.

Es ist daher besser, die Beziehung von Anfang an ehrlich, auch sich selbst gegenüber, zu führen. Sollte man sich in den ersten zwei Jahren super angenähert haben, hat man sich sprichwörtlich richtig kennengelernt. Das ist existenziell wichtig für eine glückliche Beziehung. Man spricht dann auch gerne davon, dass man sich **BLIND** versteht.

Nach diesen zwei Jahren sollte man regelmäßig seinem Partner die Liebe gestehen. Bei Frauen scheint mir das wichtiger als beim Mann, weil die Wahrnehmung mal wieder bei beiden Geschlechtern eine ganz andere ist. Männer brauchen diese verbale Bestätigung nicht so oft, da Männer viel pragmatischer an diese Sache rangehen. Männer brauchen diese Bestätigung nur, wenn sie Zweifel hegen, ob sie überhaupt noch geliebt werden. Da es aber die **DREI GOLDENEN MERKMALE** gibt, die dem Mann sagen, ob sie geliebt werden, sind sie völlig entspannt. Die goldenen Merkmale sind:

1. Wenn ich nach Hause komme, ist sie noch da.
2. Wenn ich anrufe, geht sie noch ans Telefon, verändert ihre Stimme, indem sie die Tonlage nach oben hebt, und nennt mich Schatz.
3. Wenn ich abends im Bett liege, liegt sie neben mir.

Wenn diese Merkmale auf Grün stehen, gibt es für den Mann keinen Zweifel, dass er geliebt wird, denn s e ist ja noch da. Das wäre sie nicht, wenn sie ihn nicht mehr lieben würde. Ganz einfach. Allerdings nur für den Mann.
Frauen sind da etwas emotionaler und romantischer. Frauen möchten, unabhängig vom Status der Beziehung regelmäßig hören, dass sie geliebt werden. Es ist einer der größten Fehler bei Männern, dass sie von sich ausgehen. Sollte der Mann mit dieser Bestätigung in Verzug geraten, neigt die Frau allerdings dazu, ihn zu erinnern.

Sie fragt, ob er sie denn noch liebe. Jetzt ist es wichtig, wie man reagiert. Ganz am Anfang habe ich es schon geschrieben, möchte aber nicht versäumen, es noch einmal deutlich zu sagen. Es gibt nur eine richtige Antwort, und die lautet Ja. Man kann sie auch noch ein bisschen ausschmücken. Man könnte sagen: »Natürlich mein Schatz, sorry, dass ich es augenscheinlich gerade nicht so zeigen konnte.«

KLEINE GESCHENKE ERHALTEN DIE FREUNDSCHAFT

Frauen hören es einfach gern, wenn man sagt, dass man sie liebt. Wenn nun aber die rosarote Brille abgelegt wurde, dann sind andere Impulse gefragt. Kleine Geschenke, kleine Briefe, kleine Gesten. Nicht umsonst heißt es: Kleine Geschenke erhalten die Freundschaft!

Ein Geschenk kann alles sein, wenn es von Herzen kommt. Wichtig ist aber, dass die Impulse nicht zu oft hintereinander kommen. Man benötigt dringend eine Ruhezeit zwischen den einzelnen Highlights. Ich würde sogar von einer **ENTZUGSPHASE** sprechen. Dann ist man auch wieder bereit für einen neuen Impuls. Der Vorteil daran ist, dass die Stärke des Impulses nicht immer höher werden muss. Ganz nach dem Motto: Was schenk ich ihr denn beim nächsten Mal? Heute ein Auto, morgen eine Insel, übermorgen die ganze Welt.

Bin ich jetzt aber seit dreißig Jahren mit meiner Partnerin zusammen, wird es immer schwieriger, einen Impuls zu setzen, der den Partner positiv berührt. Das Glückshormon, das nun ausgeschüttet wurde, wird schneller verbraucht. Während man anfangs Wochen davon gezehrt hat, ist das Gefühl nach langer Beziehungszeit oftmals innerhalb von Tagen, wenn nicht sogar Stunden verbraucht. Dafür gibt es eine ganz plausible Erklärung, zumindest in meinen Augen.

BEISPIEL Nehmen wir als Beispiel eine Frau. Früher war sie rundum glücklich und zufrieden. Es gab weder Falten, noch hatte die Schwerkraft sich negativ auf das Bindegewebe ausgewirkt, sie war topfit und voller Elan. Wenn jetzt ein

Impuls kam, der dafür sorgte, dass der Körper voller Glückshormone war, dann konnte der Organismus dieses Hormon, ähnlich wie ich damals das Ü-Ei, in vollen Zügen genießen. Es wurde für nichts anderes benötigt, da man ja schon eine glückliche und zufriedene Grundeinstellung hatte.

Doch wenn man jetzt plötzlich nicht mehr mit sich zufrieden ist, dann benötigt man das Glückshormon teilweise als Kompensation für die bereits missstimmige Lage. Der Rest, der dann noch übrig bleibt, wird im Körper wie gewohnt genossen. Doch die Menge zum Genießen hat sich verkleinert. Und das ist der Grund, warum es in das Aufgabengebiet des Mannes fällt, seine Frau glücklich zu machen. Die Schlagzahl der Impulse muss also erhöht werden. Aber wie schon gesagt, niemals höher als die Jahre, die man zusammen ist, sprich in diesem Fall nicht mehr als dreißigmal pro Jahr.

> **Goldene Regel**
>
> ## Geschenke erhalten die Beziehung, wenn man sie richtig einsetzt.

16.

Der perfekte Streit

Einer der wichtigsten, wenn nicht sogar der wichtigste Punkt, schon fast ein absolutes Muss für eine glückliche Beziehung, ist der perfekte Streit. Sollte irgendjemand die Hoffnung haben, eine Beziehung führen zu können, ohne zu streiten, dann muss ich hier leider enttäuschen. Das Leben besteht aus Freude und Leid, anders ist es nicht zu haben. Ein Streit ist nicht immer etwas Schlechtes, ganz im Gegenteil, ein Streit ist das offene Austragen eines Konfliktes.

Und er ist immer eine Möglichkeit, Probleme nicht nur vorzutragen, sondern auch zu lösen. In den besten Familien wird gestritten, daher ist der Irrglaube, eine Beziehung oder Ehe ohne Streit führen zu können, völliger Quatsch. Auch wenn man glaubt, dass alle anderen es hinbekommen, nur ich mal wieder nicht, spiegelt dieser Eindruck in keiner Weise die Realität wider. Die Leute sprechen nur nicht darüber. Kein Mensch erzählt gern anderen Menschen, wann und wie oft er sich streitet. Zumal das auch niemanden etwas angeht. Denn der Streit wird gerade in einer Beziehung zum größten Teil zwischen zwei Parteien ausgetragen.

Daher ist es auch unbedingt ratsam, einen Streit immer nur unter sich zu führen und niemals in der Öffentlichkeit, denn dann kommt zum mentalen Stress, den der Streit verursacht, auch noch sozialer Stress hinzu. Gerade Frauen sind in diesem Punkt sehr sensibel. Während es Männern eher egal ist, was andere denken, ist Frauen das eher peinlich.

STREITEN MUSS SEIN

Auch wenn wir alle emanzipiert drauf sind, dürfen wir nicht vergessen, dass es ganz viele Frauen gibt, die gerne das schwächere Geschlecht sind. Sie möchten sich ankuscheln, brauchen Geborgenheit und Sicherheit. Das hat absolut nichts damit zu tun, wie es finanziell um sie steht. Sicherheit bedeutet nicht immer nur viel Geld auf dem Konto, sondern Sicherheit bedeutet Verlässlichkeit und Vertrauen. Ich möchte mich einfach mal fallenlassen, ohne dass das irgendwann gegen mich verwendet wird.

Männer vs. Frauen zum Thema Harmonie

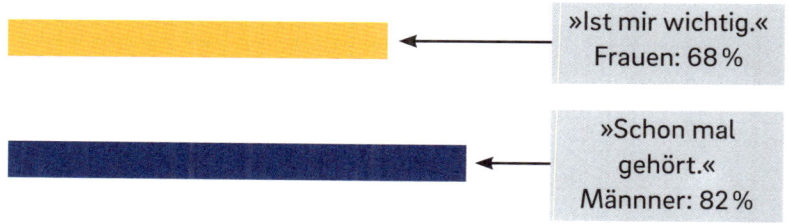

»Ist mir wichtig.«
Frauen: 68 %

»Schon mal gehört.«
Männner: 82 %

Darum ist es beim Streiten wichtig, einen neutralen Raum dafür zu finden, nur dann hat der Streit die Chance, perfekt zu werden. Wir halten also fest:

Streiten ist erlaubt und sogar dringend notwendig. Wenn wir uns nicht streiten, werden wir uns nicht bewegen und etwas positiv verändern. Denn wir dürfen nicht vergessen, dass wir Individuen sind. Jeder ist anders, und das ist gut so. Ich bin ich, und du bist du.

Die folgenden Punkte sind maßgeblich für einen guten Streit.

Neutralität –
Wer vergleicht, verliert.

Fokus –
Es geht immer nur um eine Sache und nicht um das Ganze.

Sachlichkeit –
Alle Argumente müssen wertfrei sein.

Vertrauen –
Die Basis bleibt absolut unberührt.

Zielorientierung –
Alle Argumente sollten lösungsorientiert sein.

NEUTRALITÄT – <u>WER VERGLEICHT, VERLIERT.</u>

Diesen Punkt haben wir schon kurz gestreift: Wenn man sich mit anderen vergleicht, wird man am Ende immer verlieren. Bis vor kurzem dachte Bill Gates noch, er wäre der reichste Mann der Welt. Dann ging er einmal schlafen, und ein anderer hat sich gedacht: Eine Plattform, wo man **ALLES** bestellen kann, das ist die Zukunft, und zack, ist der Gründer von Amazon plötzlich der reichste Mensch der Welt. Würde Bill Gates sich mit ihm vergleichen, wäre er wahrscheinlich ziemlich enttäuscht. Wo er doch jeden Tag seiner Jugend damit verbracht hat, morgens um vier Uhr mit dem Fahrrad ins Rechenzentrum zu fahren, um sich das nötige Wissen anzueignen und einen Weltkonzern zu gründen. Er ist völlig neue Wege gegangen, ohne ihn gäbe es gar keine Homecomputer, ohne ihn gäbe es auch kein Internet, und ohne Bill könnte Mister Amazon gar nichts verschicken. Denn wie denn auch? Er hätte ja keine Internetplattform, und der Kunde, der alles bei ihm bestellt, hätte gar keinen Computer zu Hause. Doch das eine hat mit dem anderen **NICHTS** zu tun. Genau so ist es auch beim Streit.

Es ist völlig egal, was gewesen wäre, wenn … Wichtiger ist, den Streit zuzulassen und herauszufinden, worum überhaupt gestritten wird.

FOKUS – ES GEHT IMMER NUR UM EINE SACHE UND NICHT UM DAS GANZE.

Gerade im Eifer des Gefechts werden gerne mal mehrere Baustellen aufgemacht. Der Grund des Streites war vielleicht, dass er zu spät gekommen ist oder dass sie sich nicht gemeldet hat wie abgemacht. Jetzt dürfen wir nicht vergessen, dass jeder Streit eine Ursache hat. Die Ursache ist abhängig von einer **AKTION**, die von einem der beiden ausging. Daraus resultiert in der Regel eine **REAKTION**, die wiederum dazu führt, dass das Gegenüber eine erneute Reaktion startet, und so weiter und so weiter. Man erkennt relativ schnell, dass es extrem wichtig ist zu wissen, worum denn jetzt genau gestritten wird. Geht es wirklich darum, dass ich mich beim letzten Mal nicht gemeldet habe? Oder geht es viel mehr darum, dass ich mein Wort nicht gehalten habe und der andere nun mit dem Vertrauensverlust zu kämpfen hat? Denn wir dürfen niemals vergessen, dass jeder Mensch unterschiedlich sensibel ist. Es kann ja sein, dass er auf den Anruf von ihr gewartet hat, weil er sich große Sorgen macht. Diese Sorgen kann sie eventuell gar nicht verstehen, geschweige denn nachvollziehen, doch das ändert nichts an der Tatsache, dass er sich Sorgen macht. Beide haben eine unterschiedliche Wahrnehmung. Was für den einen elementar ist, ist für den anderen vielleicht lapidar. Auch das hatten wir bereits in diesem Buch, es ist aber wichtig, dass wir das im Hinterkopf behalten.

Jetzt wird also gestritten, und sie sagt ihm, dass es gar keinen Grund dafür gibt, dass er sich Sorgen macht, denn ihr würde schon nichts passieren. Wenn er jetzt aber weitere Baustellen aufmacht und anfängt, Eventualitäten aufzuzählen, dann ist das ein Beispiel dafür, wie man beim Streiten den Fokus verliert. Meist ist man dann schon auf dem Weg der Unsachlichkeit. Der Fokus ist verlorengegangen, und es werden haarsträubende Argumente aufgetischt, die nichts mehr mir dem Ursprung der Dis-

kussion zu tun haben. Es folgen gerne mal Sätze wie:
»… na ja, sonst bist du den ganzen Tag am Handy, das schaffst du,
aber dich kurz zu melden, das schaffst du nicht!!«
»… deine Freunde kannst du immer und überall anrufen, aber es
geht ja nur um mich, das ist augenscheinlich nicht so wichtig.«
»… erzählst doch jedem, was du alles kannst, aber Telefonieren
gehört ja anscheinend nicht dazu.«

Was haben diese drei Sätze gemeinsam? Genau, sie sind absolut
unsachlich und leider in keiner Weise wertfrei. Der andere fühlt
sich jetzt zu Recht angegriffen und fängt an, sich zu verteidigen.
Seine komplette Energie fließt in die Verteidigung und nicht mehr
in die Problemlösung, die aber eigentlich das Wichtigste wäre.

SACHLICHKEIT – <u>ALLE ARGUMENTE MÜSSEN WERTFREI SEIN.</u>

Damit ein Streit perfekt geführt werden kann, ist eine wertfreie
Argumentation dringend notwenig. Es geht immer um ein Ziel,
das Lösen des ursprünglichen Problems. In unserem Fall hat sich
einer der beiden mal nicht gemeldet, doch das wirkliche Problem,
würde man es analysieren, wäre die Angst um den anderen, ob
begründet oder nicht, ist völlig egal. Es nützt auch nichts, wenn
man einem Menschen mit Flugangst erklärt, dass ein Flugzeug
das sicherste Verkehrsmittel der Welt ist und dass mehr Menschen ums Leben kommen, wenn sie laufen. Die Ursache bei
beidem ist Angst, und die gilt es zu nehmen. Das schafft man
aber nicht, indem man erstens noch mehr Baustellen aufmacht
und darüber streitet, was alles in der Vergangenheit schiefgelaufen ist, oder zweitens plötzlich unsachlich wird und den andern
angreift. Auch wenn es manchmal heißt, Angriff ist die beste Verteidigung.

Wir sollten nicht vergessen, dass eine glückliche Beziehung kein Kampf ist. Und wir sollten uns nicht ständig verteidigen müssen. Es geht immer um eine Lösung. Wenn ich sachlich meine Emotionen vortrage und dieses auch noch mit Fakten untermauere, ist die Chance auf eine Lösung um ein Vielfaches höher.

Hier ein paar Beispiele:

Wertfrei:
»Du hast dich nicht gemeldet.«
»Ich glaube, meine Idee ist die bessere.«
»Auf mich kann man sich verlassen.«

Wertend:
»Du hast dich nicht gemeldet, wie immer!«
»Ich glaube, meine Idee ist die bessere, du hast ja keine, wäre auch das erste Mal, na ja, egal.«
»Auf mich kann man sich verlassen, nicht so wie bei dir.«

Es fällt nicht immer leicht, einen Streit wertfrei und sachlich zu führen, das habe ich auch nie behauptet. Schuld daran ist immer auch der Betrachtungswinkel. Bevor man also streitet, sollte man sich im Klaren darüber sein, ob man überhaupt eine Lösung möchte. Wenn die Frage mit **JA** beantwortet wird, dann muss man sich an den Plan halten, egal wie schwer es fällt.

Mein Tipp ist, einen ruhigen Ort auszuwählen,
mit Höflichkeiten anzufangen, genügend zu trinken
bereitzustellen – ich rede von Wasser, nicht von Bier,
auch wenn der eine oder andere jetzt denkt, nach zwölf
Jägermeistern ist es einfacher, doch dem ist langfristig
gesehen nicht so.

Goldene Regel

Ein Streit zwischen Partnern sollte immer mit dem Hintergedanken geführt werden, dass derjenige, der mir gegenübersitzt, nicht mein Feind ist. Es geht nur um eine Sache und nicht um das Ganze.

VERTRAUEN – <u>DIE BASIS BLEIBT ABSOLUT UNBERÜHRT.</u>
Immer wieder sieht man bei einem Streit, dass plötzlich das
große Ganze in Frage gestellt wird, obwohl es doch nur um eine

Kleinigkeit ging. Der Streit droht zu eskalieren. Man muss sich das vorstellen wie den Bau eines Hochhauses. Je länger die Beziehung, desto höher oder komfortabler das Haus. Das Witzige ist ja, dass jeder eigentlich weiß, wie es geht. Wir alle haben das schon mal irgendwo gehört. Die Basis ist das A und O, das Fundament, auf dem alles steht, bla, bla, bla …
Aber so bla, bla ist das gar nicht. Das Fundament wird in den ersten zwei Jahren der Beziehung gebaut. Dann kommt der Keller, der Raum, in dem der Mann ab einer gewissen Beziehungsdauer die meiste Zeit verbringt und Laubsägearbeiten verrichtet. Danach das Erdgeschoss mit einem gewissen Sicherheitskonzept, denn über das Erdgeschoss wird am häufigsten eingebrochen. Zum Schluss wird dann Stockwerk für Stockwerk aufgebaut.

Bis zum dritten Stock ist alles gut gelaufen, doch jetzt geht es um die Wohnungstüren. Er will welche aus Stahl, und sie möchte gerne welche aus Holz, denn die sind eh viel schöner, und die Sicherheit ist ja schon durch die sehr massive Haustür im Erdgeschoss gewährleistet. Frauen haben, auch in einem Streit, meist die besseren Argumente. Der Streit dreht sich einzig und allein um diese Tür. Nicht um den dritten Stock oder um die Einrichtung in der Wohnung, sondern ganz allein um diese Tür. Wenn jetzt mitten im Streit plötzlich der Vorschlag kommt, das ganze Haus zu verkaufen oder gar abzureißen, wäre man mehr als irritiert. Gut, dann braucht man nicht mehr über die Tür im dritten Stock zu streiten, denn die ist dann unwichtig. Jeder würde erkennen, dass dieser Vorschlag, das Haus zu verkaufen oder abzureißen, völlig übertrieben ist und nicht zu einer gewünschten Lösung führen kann. Denn wie sähe die denn aus? Man verkauft das Haus, macht halbe-halbe, und jeder geht seinen Weg? So kommt man leider nie voran im Leben, doch genau das ist das Bestreben eines Menschen.

Wenn ich das doch weiß, warum wenden wir dann diese Art der Argumentation in einem Beziehungsstreit an? Nur weil wir uns darüber streiten, dass der eine sich nicht beim anderen gemeldet hat, muss ich doch nicht die ganze Beziehung in Frage stellen. Es fällt aber gerne mal so ein Satz:

 »Na ja, wenn du der Meinung bist, das ist in Ordnung, wie du dich verhältst, sollten wir uns mal die Frage stellen, ob das alles hier noch einen Sinn macht!«

Mit genau diesem Satz verunsichert man den Partner nicht nur, sondern schürt auch noch eine andere Angst, die **VERLUST-ANGST**. Man macht sich plötzlich Gedanken über eine bevorstehende Trennung, man stoppt alle Aktivitäten, die für die Beziehung lebensnotwendig sind, es beginnt ein Strudel, der einen sprichwörtlich nach unten zieht. Alles droht kaputtzugehen, und das nur, weil der eine Partner Angst um den anderen hatte. In der Psychologie spricht man von der **NEGATIVSPIRALE**.
Partner 1 hat Angst und verschanzt sich. Partner 2 ist sich nicht bewusst, was er falsch gemacht hat, weil er es nicht so sieht, und wundert sich, warum von Partner 1 nichts mehr kommt. Doch Partner 1 wartet ab und bereitet sich schon mal auf eine Trennung vor. Die Emotionen werden runtergeschraubt, der Sex wird eingestellt, und die Toleranz, den Partner so zu nehmen, wie er ist, geht gegen null. Das führt dazu, dass Partner 2 immer schlechtere Laune bekommt, die er auch zum Ausdruck bringt. Partner 1 bemerkt das, schreibt es der bevorstehenden Trennung zu und verschließt sich noch mehr. So geht das hin und her, bis letztendlich eine Trennung vollzogen wird und Partner 1 seine Bestätigung erhält. »Siehst du, hab ich doch gleich gewusst.«

Wir sind uns alle einig, dass diese Art von Streit niemals zielführend sein kann. Diese Lösung ruft meistens Frust, Trauer und Leid hervor, aber keine Einigung. Wenn man dann nach einem gewissen Abstand mit dem Expartner redet, wissen beide oft nicht mehr, wie es denn überhaupt zu einer Trennung kommen konnte. »Ich hatte doch nur Angst um ihn, das ist doch nicht verboten.« Nein, ist es nicht. Doch man hat im Streit das Ziel aus den Augen verloren.

Goldene Regel

Das Ziel eines Streits sollte die Klärung sein und nicht die Trennung.

ZIELORIENTIERUNG – ALLE ARGUMENTE SOLLTEN LÖSUNGSORIENTIERT SEIN.

Egal, worum man sich streitet, es geht immer darum, ein Ziel zu erreichen. Wie das Ziel aussieht, muss jeder für sich selbst entscheiden. Mal kann das Ziel sein, diesen Fehler für die Zukunft auszumerzen oder in Zukunft sensibler mit einem Thema umzugehen. Aber ein Ziel sollte immer eine positive Veränderung für die Zukunft beinhalten. Wenn ich vor dem Streit schon sicher bin, dass ich mit diesem Partner nicht mehr leben möchte oder kann, dann muss ich auch nicht streiten. Daher ist jeder Streit immer ein positives Signal für die Beziehung. Wenn mir meine Freundin oder mein Freund egal ist, dann streite ich nicht. Doch wenn ich ihn mag, sogar liebe, ist es für mich das Schönste, ein Ziel zu er-

reichen, das für beide etwas Gutes mit sich bringt. Gut geschrieben, aber wie mache ich das denn? Einer geht doch immer als Verlierer aus dem Streit!!! Genau das sollte vermieden werden. Keiner verliert am Ende, beide müssen gewinnen.
Wie das geht, ist ganz einfach. Ihr habt alle bis hierher gelesen, fassen wir also zusammen:

- Die Schuldfrage ist egal.
- Man sollte den anderen zuerst mal loben.
- Ich bin ich, und du bist du.
- Wir gehen respektvoll miteinander um.
- Wir handeln immer lösungsorientiert.

In unserem Beispiel (der eine hatte Angst um den anderen) könnte man wie folgt vorgehen. Angst ist niemals rational, und es bringt nichts, wenn man diese Emotion des Partners ignoriert. Ich gehe also als Erstes darauf ein, indem ich Verständnis dafür aufbringe und es vielleicht sogar toll finde, dass sich einer um mich sorgt. Ich würde sachlich, ohne zu werten, erklären, dass mein Weg bisher ein anderer war und ich daher eine andere Sensibilität entwickelt habe, wann es nötig ist, ängstlich zu sein, und wann nicht. Diese Information ist schon mal Gold wert. Menschen haben vor unterschiedlichen Dingen Angst. Wenn mir noch nie etwas passiert ist, habe ich weniger Angst als der, der schon schmerzlich Konsequenzen ertragen musste.

BEISPIEL Nehmen wir als Beispiel das Inlineskaten. Wenn ich mich noch nie auf die Fresse gelegt habe, fahre ich ohne großartigen Schutz, denn der Gesetzgeber zwingt mich nicht dazu. Warum sollte ich es also machen? Das sagt man so lange, bis ein Stock im Weg liegt, über den man in voller Ge-

schwindigkeit fliegt und sich eine Stunde später im Kranken-
haus wiederfindet, wo der Arzt versucht, mit einer Pinzette die
letzten Reste des schwarzen Granulats aus der Hand zu popeln.
Das nächste Mal wird man dann wie ein Footballspieler über die
Düsseldorfer Rheinpromenade düsen, während man andere Mädels beobachtet, wie sie mit Hotpants und Bikinioberteil an einem
vorbeisausen ...

Aber genau dafür ist eine Partnerschaft da: Geteiltes Leid ist halbes Leid. Warum soll mein Partner auch die Erfahrung machen,
die ich gemacht habe? Ich hatte doch nur Angst um ihn, mehr
nicht. Ich möchte doch nur, dass er sich meldet, wenn er oder sie
zu Hause ist. Um das zu erreichen, ist es notwendig, dem anderen
die Möglichkeit zu geben, sich in seine Situation zu versetzen, und
das bitte völlig wertfrei.

 »Ich habe mal etwas erlebt, was du glücklicherweise
noch nicht erlebt hast, und das ist gut so.«

Wichtig ist nämlich das **LOBEN**, klingt komisch, ist aber so.

 »Ich finde es toll, dass du dieses Erlebnis noch nicht
hattest, doch versuch bitte, mich zu verstehen, dass
ich nicht scharf darauf bin, es noch einmal zu erleben.«

Jetzt habe ich auch deutlich gemacht, dass nicht nur wir, sondern
auch unsere Wege bislang unterschiedlich gewesen sind. Wenn
man jetzt noch respektvoll sagt, dass man sich wünschen würde,

wenn er oder sie das nächste Mal anruft, denke ich nicht, dass der Partner damit ein Problem hat. <u>Man sollte es aber auf keinen Fall befehlen.</u>

 »Entweder du rufst das nächste Mal an oder wir lassen das!«

Das wäre nicht lösungsorientiert.

Goldene Regel

Bitten ist besser als befehlen.

EINE KLEINE GESCHICHTE DES STREITENS

Jetzt wissen wir, wie man streitet. Aber warum streite ich mal mehr und mal weniger? Am Anfang hat man doch so gut wie nie gestritten, dann kommt eine Lebensphase, in der man gefühlt jeden Tag streitet, und dann lässt es schlagartig nach. Warum ist das so? Am Anfang ist man eben sehr verliebt, man genießt jede Sekunde, und alles ist neu, da hat Streit keinen Platz. Dann, nach den ersten zwei Jahren, setzt der Zustand der Liebe ein, man kennt sich und hat plötzlich Zeit zum Streiten, da die Toleranz immer mehr nachlässt. Wenn man diese Phase überstanden hat, wird es von Tag zu Tag besser. Man erkennt, dass viele Konflikte unnötig waren. Man lässt eher mal Fünfe gerade sein, wie man so schön sagt.

Aber warum wird meine Toleranz immer weniger? Früher war mir doch vieles egal, heute ärgert es mich. Ich habe heute nicht mehr den Drang, der Letzte in einem Club zu sein, weil ich bereits weiß, wie sich das anfühlt. Heute möchte ich gezielt Spaß haben – und das sehr effektiv. Der Grund, warum man, je älter man ist, immer weniger mit Idioten redet, ist der, dass man einfach keine Zeit dafür hat. Ich vergleiche es mal mit einer Chipstüte. Die Toleranz stellen die kleinen Chips in der Tüte dar, die jeden Abend, wenn man schlafen geht, wieder randvoll aufgefüllt werden, egal, wie viel man aus der Tüte genommen hat. Wie die Handtasche von Mary Poppins (für die Jüngeren: Die war wie die Super-Nanny, nur netter, oder wie Frauentausch, nur nicht so assi).

BEISPIEL Anfangs nimmt man die Chips noch einzeln aus der Tüte. Nach einer Weile fängt man dann an, zwei bis drei Stück auf einmal zu nehmen. Am Ende ist es eine ganze Handvoll, die man sich in den Mund stopft. Genauso verhält es sich mit der Toleranz in einer Beziehung. Je länger man zusammen ist, desto mehr wird aus dem Toleranz-Tütchen genommen. Die Größe der Tüte ist immer dieselbe, aber die Menge, die man entnimmt, weil man sie benötigt, wird immer größer. Irgendwann reicht die Nacht nicht mehr aus, damit das Toleranztütchen randvoll aufgefüllt werden kann. Entweder man nimmt sich jetzt mehr Zeit zum Auffüllen, oder man lebt damit, dass die Toleranz immer weniger wird, da der Verbrauch höher ist als die Toleranz, die neu gebildet wird. Ich persönlich schlage den ersten Weg vor.

Man sollte sich mehr Zeit lassen, damit immer ausreichend Toleranz vorhanden ist. Diese Zeit schafft man sich zum Beispiel mit Hobbys oder mit tollen Reisen. Allerdings sollte da sichergestellt werden, dass die Reisen ohne einen großen Toleranzfresser stattfinden.

Es ist daher für eine glückliche Beziehung erlaubt, auch mal ohne den Partner in den Urlaub zu fahren. Es dient auf alle Fälle der Beziehung. **VERTRAUEN** ist dabei eine Grundvoraussetzung. Und wir müssen manchmal Dinge tun, die wir nicht wirklich verstehen, aber darum geht es eben nicht immer. Frauen ziehen sich gern mal hübsch an, um ihrem Mann zu gefallen. Und wir Männer fangen an zu lügen, um an unser Ziel zu kommen. Man kann es mit dem Honeybear vergleichen.

Das ist ein Bär, der sich ein Bienenkostüm angezogen hat. Warum??? Genau, weil er an den Honig will!

WENN EINE FRAU FRAGT: Schatz, hast du Lust, mit mir spazieren zu gehen?
UND DER MANN ANTWORTET: Natürlich mein Schatz, ich würde mich freuen!

... hat er sich in diesem Moment ein Bienenkostüm angezogen, weil er an den Honig will.

251

MEIN FAZIT

Wir sind uns, glaube ich, alle einig, dass das Zusammenleben mit einem Partner nicht immer das Einfachste auf der Welt ist, aber es ist das Spannendste. Wenn wir lernen, den anderen so zu nehmen, wie er ist, nicht immer alles ernst zu nehmen und sich auch mal bewusstzumachen, was wirkliche Probleme sind, dann wird man sehen, dass es echt Spaß machen kann. Bleibt einfach zusammen, solange es geht, denn oft sind die Probleme, die man glaubt zu haben, keine schlimmen Probleme!

Ich kann es nicht oft genug sagen, aber das Wichtigste ist der respektvolle Umgang miteinander. Auch Streiten kann man respektvoll, und Lieben sowieso. Doch nur weil mal etwas nicht passt oder weil man denkt, dass der Rasen des Nachbarn grüner ist als der eigene, lohnt es noch lange nicht, das Handtuch zu werfen.

Ich habe für dieses Buch viele Jahre recherchiert, habe jede Menge Paare und auch Psychologen kennengelernt, habe mir viele Geschichten angehört. Und wenn ich ein Fazit ziehen sollte, dann wäre es das, dass es viele Menschen gibt, die auf der Suche nach etwas sind, das sie seit langem schon haben. Man sollte sich regelmäßig fragen: Was habe ich, wie geht es mir wirklich, und was genau vermisse ich? Dann wird man ziemlich schnell erkennen, dass es sich oft nur um Kleinigkeiten handelt, die man gemeinsam in den Griff bekommt. Ich wünsche allen Leserinnen und Lesern nur das Beste für ihre Beziehung. Ach, und nie vergessen, die oder der Neue hat nur einen neuen Namen und gegebenenfalls eine andere Haarfarbe, die Probleme bleiben immer dieselben.

Euer Mario

Dank

Ich hoffe natürlich nicht nur, dass euch das Buch gefallen hat, sondern freue mich auch, wenn es geholfen hat, den einen oder anderen Konflikt zu vermeiden oder zumindest Spaß in die Sache zu bringen. Auslöser für dieses Buch waren meine Fans. Nachdem mir immer mehr davon erzählt haben, dass sie, seit sie in meinem Live-Programm waren, nicht mehr so schnell streiten oder sich ankeifen, sondern eher miteinander lachen, wurde die Idee für dieses Buch geboren. Jetzt kann man nicht einfach so ein Buch schreiben und hoffen, dass es jeder liest, sondern man braucht auch eine Menge Unterstützung. Darum möchte ich diese Seite dafür nutzen, mich bei meinen Unterstützern zu bedanken. Der größte Dank, das, glaube ich, kann jeder nachvollziehen, geht an meine bezaubernde Freundin, die Tag für Tag immer und immer wieder an mich glaubt. Die mich in allem unterstützt, was ich so vorhabe. Als ich gesagt habe, dass ich ein Buch schreiben möchte, und zwar irgendwo dort, wo die Sonne scheint, hatte sie sich tierisch gefreut. Sie hatte sich schon ausgemalt, wie es ist, wenn ich mit nacktem Oberkörper in der Sonne, nur mit einem Laptop bekleidet, am Meer sitze und sie in einem wunderschönen Designer-Bikini ihren von der Sonne aufgeheizten Body im kühlen Meer runtertemperiert. Als ich ihr dann sagte, dass ich am besten mit meinen Freunden an der Seite schreiben kann, war sie zwar etwas enttäuscht, aber meine Freunde, die ich mitgenommen habe, hatten ein viel größeres Problem, wenn sie daran dachten, dass ich nichts außer meinem Laptop anhaben werde. Ich bedanke mich bei meiner Freundin für all die Jahre und das unermüdliche Verständnis, denn mit mir zusammenzuleben ist nicht immer einfach. Kaum habe ich Tourpause, mache ich einen Film oder schreibe ein Buch. Das Buch ist jetzt fertig, also kommt als Nächstes ein Film, den ich mit meinem Freund Paul Panzer in alter Manier drehen werde. Danke, Schatz.

Doch ich hatte ja bereits erwähnt, dass ich dieses Buch nicht ganz alleine schreiben konnte. Also geschrieben habe ich es schon ganz alleine, auch all die Ideen sind ausschließlich von mir, und bis auf die Recherchen habe ich es zu 100 Prozent allein zusammengestellt, doch ein Tag hat mehr als nur zwölf Stunden. Ich habe zwar jeden Tag bis zu zwölf Stunden geschrieben, aber davor gab es ein tolles Frühstück, zwischendurch wurde Melone geschnitten, es wurde eingekauft, und ein Cortado stand auch immer auf Abruf bereit. Das alles kann und will man nicht alleine machen. Umso mehr freut es mich, so einen tollen und treuen Freundeskreis zu haben. Danke an Mike, Frank, Tuncay, Mathias, Schorni, Guggi, Lissi, Ossi, Andrea und Arian. Es war so schön, bei und mit euch zu schreiben.

Ich bedanke mich bei all den Paartherapeuten und Psychologen, die mir einige offene Fragen beantworten konnten, danke auch an Alois, den ich immer wieder anrufen konnte.

Ich möchte mich ganz besonders bei meiner Familie bedanken, bei meiner Mutter, die ihr Leben lang alles für mich gemacht hat, bei meinen Brüdern, meine Nichten und Neffen.

Zum Schluss möchte ich nur mit voller Liebe in die Welt schreien …

Danke

Hakulikila